Schritt für Schritt zum Erfolg!

Nami Komoda
Kumiko Yamaguchi
Ami Okabe
Yasushi Kawasaki

ASAHI Verlag

どんどん解ける！ドイツ語ドリル URL
（音声・単語集）

http://text.asahipress.com/free/german/dondondrill

まえがき

本書は、これからドイツ語を学ぼうとする人、また既に初歩的なドイツ語文法を学んだことのある人、それぞれを対象にしたドイツ語初級文法のドリルです。基礎編と発展編の2部構成になっています。全体の構成は、文法項目ごとにLektion 1からLektion 27までを配置し、基礎編の全ての課の冒頭では、その課の文法項目の理解に必要な事項を、例文とともにポイントを絞ってコンパクトに説明しています。授業で会話練習はしたけれど、いまいち文法が理解できていない、理解はしたけれど、ドリルが足りない。そんな人たちに、授業で習ったことを理解して定着させるための練習帳として使ってもらいたいと思います。

もちろん、この文法項目だけ苦手だからやってみよう、という使い方もよいでしょう。初級の文法教科書は全部理解できているから、もう少しレベルの高い練習問題がやってみたい、そんな人には発展編から始めることをお勧めします。発展編は主に独作文と日本語訳の問題から成っており、基礎編にほんの少し背伸びした内容を加えています。基礎編→発展編→基礎編…と進むもよし、基礎編を全て終えてから発展編にチャレンジしてみるもよし、自分の苦手部分の克服だけを目標として使うこともできます。

また、例文をはじめとして、全ての練習問題に用いられている語彙は、一般に日本でドイツ語を学ぶ上で必要とされる極めて重要な基礎語彙を厳選しています。基礎編の各課の最後には、特に覚えておいた方が良い単語をリストアップし、解答に必要な範囲で初出の単語にはすべて注釈を付けました。なお、単語の意味を調べる手間よりも、純粋にドリルの問題に没頭したい、という人には、登場語彙の全リストも用意しています。

先生方には、ご使用になられる教科書の文法説明や文法練習問題の不足を補うことを目的として、副教材としてのご使用をお勧めいたします。また、初級文法を終えた学生の指導には、復習用の教材として、あるいは基礎編の後半から使用する、発展編のみを復習として使用する、などの使用も可能です。

文法の理解と定着のコツはポイントを絞って繰り返し練習することです。ドイツ語が「どんどん解ける」楽しさを味わっていただければ幸いです。

2019年秋

著者一同

目　次

装丁―メディア・アート

A B C D E F G
N O P Q R S T

基礎編

Lektion 1 主語

	単数		複数	
1人称	私は	ich	私たちは	wir
2人称	君は／あなたは	du / Sie	君たちは／あなたがたは	ihr / Sie
3人称	彼は	er	彼らは	sie
	彼女は	sie		
	それは	es		

2

Wie heißt du? — Ich heiße Beate.　君の名前は？ — 私の名前はベアーテです。

Woher kommen Sie? — Ich komme aus Japan.　ご出身は？ — 私は日本出身です。

Er spielt gern Fußball.　彼はサッカーをするのが好きだ。

Kommt ihr aus Japan? — Ja, wir kommen aus Japan.

君たちは日本出身かい？ — はい、私たちは日本出身です。

Übung 1 Ergänzen Sie. （　　）内に当てはまる主語を表す人称代名詞を書きなさい。

1. (　　　　　　) heiße Angelika Meyer.
   私はアンゲリカ・マイヤーといいます。
2. (　　　　　　) wohnt in München.
   彼はミュンヘンに住んでいます。　**3人称の代名詞に性の区別がある（英語と同じ）**
3. Wie heißt (　　　　　　) ? — (　　　　　　) heißt Maria.
   彼女は何という名前？ — 彼女の名前はマリアです。
4. Wo wohnen (　　　　　　) ? — (　　　　　　) wohnen in Tokyo.
   あなたがたはどこにお住まいですか？ — 私たちは東京に住んでいます。
5. Spielt (　　　　　　) gern Fußball?
   君たちはサッカーをするのは好き？　**2人称の代名詞は「君」と「あなた」**
   — Ja, (　　　　　　) spielen gern Fußball.
   — うん、僕たちはサッカーをするのは好きだよ。
6. Woher kommen (　　　　　　) ? — (　　　　　　) kommen aus Berlin.
   彼らはどこの出身なの？ — 彼らはベルリン出身だよ。
7. Was studiert (　　　　　　) ? — (　　　　　　) studiert Geschichte.
   彼女は何を専攻していますか？ — 彼女は歴史を専攻しています。
8. Was lernt Martin? — (　　　　　　) lernt Deutsch.*
   マルティーンは何を勉強してるの？ — 彼はドイツ語を勉強しているよ。

* **studieren** と **lernen** の違い：lernen は一般的に「習う・学ぶ」ことを表すのに対し、studieren は「大学で勉強する」ことを指す。従って、Deutsch（ドイツ語）には lernen、Medizin（医学）などを大学で専攻している場合は studieren を用いる。

Übung 2 Schreiben Sie. あなたの自己紹介を書きなさい。

______________ heiße ____ .

______________ komme aus ____ .

______________ wohne in ____ .

______________ lerne ____ .

______________ studiere ____ .

______________ spiele gern ____ .

Übung 3 Ergänzen Sie und Ordnen Sie zu. 主語を加えて、日本語の順番どおりに並べなさい。

1. 彼と私は／する／好んで／テニスを。（彼と私はテニスをするのが好きだ）
   spielen / Tennis / gern / und / .
   ____

2. どこに／住んでいる／彼女は？（彼女はどこに住んでいる？）
   wohnt / ? / wo
   ____

3. 私たちは／来る／から／ドイツ。（私たちはドイツ出身です）
   aus / . / kommen / Deutschland
   ____

4. 勉強しているの／君は／日本語を？（君は日本語を勉強しているの？）
   Japanisch / ? / lernst
   ____

5. どこから／来る／あなたは？（あなたはどちらのご出身ですか？）
   kommen / ? / woher
   ____

単語

☐ **wie** どんな　☐ **heißen** 〜という名前である　☐ **woher** どこから
☐ **kommen+aus**（〜から）来る　☐ **Japan** 日本　☐ **spielen**（楽器・スポーツを）する
☐ **gern(e)** 好んで　☐ **Fußball** サッカー　☐ **ja** はい　☐ **wohnen+in**（〜に）住む
☐ **wo** どこに、どこで　☐ **was** 何を、何が　☐ **studieren** 専攻する　☐ **Geschichte** 歴史、物語
☐ **lernen** 習う、学ぶ　☐ **Deutsch** ドイツ語　☐ **Tennis** テニス　☐ **und** そして、〜と
☐ **Deutschland** ドイツ　☐ **Japanisch** 日本語

Lektion 2 動詞の現在変化

不定詞の語尾は -en または -n

不定詞／主語			spielen プレイする	arbeiten 働く、勉強する	reisen 旅行する	tun ～する
単数	1人称	ich	spiele	arbeite	reise	tue
	2人称	du	spielst	arbeitest	reist	tust
	3人称	er sie es	spielt	arbeitet	reist	tut
複数	1人称	wir	spielen	arbeiten	reisen	tun
	2人称	ihr	spielt	arbeitet	reist	tut
	3人称	sie	spielen	arbeiten	reisen	tun
2人称（敬称）		Sie	spielen	arbeiten	reisen	tun

3 不定詞 spielen ＝ spiel（語幹）＋ -en（人称語尾）

①語幹が -t,-d で終わる動詞 × arbeitst, arbeitt → ○ arbeitest, arbeitet

②語幹が -s/-ss/-ß,-tz/-z で終わる動詞 × reisst → ○ reist

〔基本語順（定動詞第二位）〕Ich spiele gern Klavier.　私はピアノを弾くのが好きだ。

Was machst du gern?　君は何をするのが好きなの？

〔決定疑問文（定動詞文頭）〕Spielst du heute Baseball? — Ja, ich spiele heute Baseball.

君は今日野球をするのかい？ — うん、ぼくは今日野球をするよ。

Übung 1 Ergänzen Sie. 表の空欄を埋めなさい。

動詞の人称変化語尾は主語で決まる
上の表を見ながら注意深く埋めてみよう

動詞／主語	trinken	wohnen	finden	heißen	sitzen
ich					
du					
er/sie/es					
wir					
ihr					
sie/Sie*					

＊3人称複数 **sie** と2人称敬称 **Sie**：人称語尾が同形なのでまとめて覚えると便利。

Übung 2 Konjugieren Sie. 主語に合わせて、動詞を変化させなさい。

1. ich ＿＿＿＿＿＿（spielen）　2. du ＿＿＿＿＿＿（wohnen）　3. er ＿＿＿＿＿＿（arbeiten）

4. wir ＿＿＿＿＿＿（reisen）　5. ihr ＿＿＿＿＿＿（trinken）　6. Sie ＿＿＿＿＿＿（finden）

Übung 3 Schreiben Sie. 動詞を変化させて、下線部に入れなさい。

1. Ich _______________ gern Tennis. (spielen)　私はテニスをするのが好きだ。
2. Was _______________ du gern? — Ich _______________ gern Wein. (trinken)
   君は何を飲むのが好き？—私はワインが好きなんだ。
3. Wo _______________ ihr? — Wir _______________ in Tokyo. (wohnen)
   君たちはどこに住んでいる？—私たちは東京に住んでいるよ。
4. Sie _______________ fleißig Japanisch. (lernen)　彼女は熱心に日本語を学んでいる。
5. _______________ Sie heute? — Nein, leider nicht.* (schwimmen)
   あなたは今日泳ぎますか？—いいえ、残念ながら泳ぎません。
6. _______________ du gern? — Ja, ich _______________ sehr gern. (reisen)
   君は旅行をするのは好き？—うん、私は旅行をするのがとても好きだよ。
7. Wie _______________ sie Kyoto? — Sie _______________ Kyoto sehr schön. (finden)
   彼女は京都をどう思っているの？—彼女は京都をとても美しいと思っているよ。
8. Wie _______________ du? — Ich _______________ Maria. (heißen)
   君は何という名前なの？—私はマリアといいます。
9. Michael _______________ immer fleißig.* (arbeiten)
   ミヒャエルはいつも懸命に働いている。

* 否定詞 **nicht**：nicht は否定したい語句の前に置く。全文否定の場合は文末に置く。(L23参照)
* **arbeiten**「働く、仕事をする、勉強する」：日本語の「アルバイトをする」には、jobben という別の動詞を用いる。

動詞の基本位置は文の二番目

Übung 4 Ordnen Sie zu. 動詞を変化させ、並べ替えて正しい文を作りなさい。

1. トビアスは今日テニスをするの？ heute / Tobias / spielen / Tennis / ?

   ____

2. 君はどこに座っているの？ sitzen / wo / du / ?

   ____

3. 彼はドイツをとても美しいと思っている。Deutschland / sehr / er / finden / schön / .

   ____

4. 君たちは何をするのが好き？—ぼくたちは音楽を聞くのが好きだ。▶hören 聞く　Musik 音楽
   machen / was / gern / ihr / ? — hören / Musik / wir / gern / .

   ____

単語

□ **Klavier** ピアノ　□ **machen** する、作る　□ **heute** 今日　□ **trinken** 飲む
□ **finden** ～と思う、見つける　□ **sitzen** 座っている　□ **Wein** ワイン
□ **fleißig** 一生懸命、熱心に　□ **schwimmen** 泳ぐ　□ **nein** いいえ　□ **leider** 残念ながら
□ **nicht** ～ない　□ **sehr** とても　□ **schön** 美しい　□ **immer** いつも
□ **jobben** アルバイトをする　□ **hören** 聞く　□ **Musik** 音楽

Lektion 3 不規則な動詞の現在変化

sein, haben, werden は特別、その他は3パターン

	sein いる、〜である	haben 持つ	werden 〜になる	fahren 乗る、運転する	sprechen 話す	lesen 読む
ich	bin	habe	werde	fahre	spreche	lese
du	bist	hast	wirst	fährst	sprichst	liest
er sie es	ist	hat	wird	fährt	spricht	liest
wir	sind	haben	werden	fahren	sprechen	lesen
ihr	seid	habt	werdet	fahrt	sprecht	lest
sie/Sie	sind	haben	werden	fahren	sprechen	lesen

4

幹母音変化の3パターン　二人称単数 du と三人称単数 er/sie/es で変化

① a → ä　schlafen 眠る、fallen 落ちる、schlagen 打つ・たたく、tragen 運ぶ　など

② e（短母音）→ i　essen 食べる、helfen 助ける、treffen 〜に会う、sterben 死ぬ　など

③ e（長母音）→ ie　sehen 見る・会う、stehlen 盗む　など

Was sind Sie von Beruf? ― Ich bin Student / Studentin.　ご職業は？ ― 私は大学生です。

＊職業を表す語は、男性形の語尾に -in をつけて女性形を作るものが多い。

Sie wird Ärztin.　彼女は医者になる。

Alex fährt gern Auto.　アレックスは車を運転するのが好きだ。

Beate spricht sehr gut Japanisch.　ベアーテは日本語をとても上手に話す。

Übung 1 Ergänzen Sie.　表の空欄を埋めなさい。　du と er/sie/es の語形変化に注意

主語＼動詞	schlafen	essen	helfen	treffen	sehen
ich					
du					
er/sie/es					
wir					
ihr					
sie/Sie					

Übung 2 Konjugieren Sie.　主語に合わせて、動詞を変化させなさい。

1. du ＿＿＿＿＿＿ (fahren)　2. Maria ＿＿＿＿＿＿ (sprechen)　3. ihr ＿＿＿＿＿＿ (haben)

4. Tom ＿＿＿＿＿＿ (lesen)　5. du ＿＿＿＿＿＿ (haben)　6. ihr ＿＿＿＿＿＿ (sein)

Übung 3 **Ergänzen Sie.** 動詞を変化させて、下線部に入れなさい。

1. Was ______________ du von Beruf? — Ich ______________ Arzt. (sein)
   君の職業は？ — 私は医者です。
2. ______________ ihr Durst? — Ja, wir ______________ Durst. (haben)
   君たちは喉が渇いているかい？ — はい、私たちは喉が渇いています。
3. Da ______________ Frau Heine. Sie ______________ viel Geld. (sein/haben)
   ▶Da ist... / Da sind...　ここ／そこ／あそこに…がいる、ある
   ▶Frau / Herr...（名字）～さん（女性／男性）
   あそこにハイネさんがいるよ。彼女はたくさんお金を持ってるんだ。
4. Wo ______________ ihr jetzt? (sein)　君たちは今どこにいるの？
5. ______________ du Englisch? — Nein, ich ______________ Japanisch. (sprechen)
   君は英語を話すの？ — いいや、私は日本語を話すよ。
6. Jeden Tag ______________ er Zeitung. (lesen)　▶jeden Tag　毎日
   毎日彼は新聞を読む。
7. ______________ du müde? (sein)　君は疲れているの？
8. Sie ______________ sehr gut. (schlafen)　彼女はとてもよく眠っている。
9. Andrea ______________ oft Beate. (helfen)　アンドレアはよくベアーテを手伝う。
10. Was ______________ du heute? (essen)　君は今日何を食べるの？

Übung 4 **Schreiben Sie.** 動詞を変化させ、並べ替えて正しい文を作りなさい。

1. 彼女はドイツ語をとてもうまく話す。sehr / sprechen / sie / Deutsch / gut / .

   ____

2. 君は車を運転するのは好き？ — うん、とても好きだ。
   Auto / gern / fahren / du / ? — ich / ja / fahren /, / gern / sehr / Auto / .

   ____

3. 君たちは毎日新聞を読んでいるの？ lesen / Zeitung / ihr / jeden Tag / ?

   ____

4. あそこにミュラーさんがいる。彼は先生なんだ。sein / Herr Müller / da / . // er / Lehrer / sein / .

   ____

単語

☐ **～ von Beruf sein** ～の職業である　☐ **Student/-in** 大学生　☐ **Arzt/Ärztin** 医者
☐ **Auto fahren** 車を運転する　☐ **gut** 上手な、よい　☐ **schlafen** 眠る　☐ **essen** 食べる
☐ **helfen** 手伝う、助ける　☐ **treffen** 会う　☐ **sehen** 見る　☐ **Durst haben** 喉が渇く
☐ **da** そこに(で)、その時　☐ **Frau/Herr...** ～さん（女性／男性）　☐ **viel** たくさん
☐ **Geld** お金　☐ **jetzt** 今　☐ **Englisch** 英語　☐ **jeden Tag** 毎日　☐ **Zeitung** 新聞
☐ **müde** 疲れている　☐ **oft** しばしば、よく　☐ **Lehrer/-in** 先生

Lektion 4 名詞の性・格と冠詞

男性 der、女性 die、中性 das

格＼性・数	定冠詞 単数 男性 *m.*	定冠詞 単数 女性 *f.*	定冠詞 単数 中性 *n.*	定冠詞 複数 *pl.*	不定冠詞 単数 男性 *m.*	不定冠詞 単数 女性 *f.*	不定冠詞 単数 中性 *n.*	不定冠詞 複数
1格（主格）	der	die	das	die	ein	eine	ein	なし
2格（属格）	des	der	des	der	eines	einer	eines	
3格（与格）	dem	der	dem	den	einem	einer	einem	
4格（対格）	den	die	das	die	einen	eine	ein	

5

定冠詞（男性名詞）

1格　Der Mann arbeitet fleißig.　その男性は懸命に働いている。

2格　Das Auto des Mannes ist neu.　その男性の車は新しい。

3格（＋4格）　Sie schenkt dem Mann das Buch.　彼女はその男性にその本を贈る。

4格　Er sucht den Mann.　彼はその男性を探している。

不定冠詞（男性名詞）

1格　Ein Hund kommt hierher.　一匹の犬がここへやって来る。

2格　Da ist ein Bild eines Hundes.　あそこに犬の絵がある。

3格（＋4格）　Sie gibt einem Hund Fleisch.　彼女はある犬に肉をやる。

4格　Er hat einen Hund.　彼は一匹の犬を飼っている。

Übung 1 Ergänzen Sie.　記号の表す冠詞の形を書きなさい。

	定冠詞 男単	定冠詞 女単	定冠詞 中単	定冠詞 複数	不定冠詞 男単	不定冠詞 女単	不定冠詞 中単
1格	○	■	△	■	◇	▽	◇
2格	●	○	●	○	◆	▼	◆
3格	◎	○	◎	□	☆	▼	☆
4格	□	■	△	■	★	▽	◇

定冠詞と不定冠詞の形は名詞の性・数・格で決まる

○ ＿＿＿＿　● ＿＿＿＿　◎ ＿＿＿＿　□ ＿＿＿＿

■ ＿＿＿＿　△ ＿＿＿＿　◇ ＿＿＿＿　◆ ＿＿＿＿

☆ ＿＿＿＿　★ ＿＿＿＿　▽ ＿＿＿＿　▼ ＿＿＿＿

Übung 2 Schreiben Sie die Artikel. 正しい冠詞の形を書きなさい。

1. der Mann → ______________ Mann（3格） その男性に
2. die Frau → ______________ Frau（2格） その女性の
3. ein Heft → ______________ Hefts（2格） 一冊のノートの（中性）
4. eine Katze → ______________ Katze（4格） 一匹の猫を（女性）
5. ein Pullover → ______________ Pullover（4格） 一枚のセーターを（男性）
6. das Buch → ______________ Buch（4格） その本を（中性）
7. ein Kugelschreiber → ______________ Kugelschreiber（3格） 一本のボールペンに（男性）
8. das Auto → ______________ Autos（4格） その車を（複数）
9. der Hund → ______________ Hunden（3格） その犬に（複数）

Übung 3 Ergänzen Sie. 下線部に定冠詞または不定冠詞を入れなさい。

1. Da ist e__________ Mann. D__________ Mann heißt Peter.
あそこに一人の男性がいます。その男性はペーターといいます。
2. Ich schenke d__________ Frau e__________ Hund. 私はその女性に一匹の犬を贈る。
3. Sie ist d__________ Frau d__________ Mannes. 彼女はその男性の奥さんです。
4. Wir kaufen d__________ Kind e__________ Heft. ▶*n.* Kind 子供
私たちはその子供に一冊のノートを買う。
5. Er sucht d__________ Kugelschreiber. 彼はそのボールペンを探している。
6. D__________ Vater gibt d__________ Kindern e__________ Bild.
父親は子供たちに一枚の絵をあげる。 ▶*m* Vater 父 *n.* Bild 絵
7. Julia hilft immer d__________ Mutter. ▶～^{3} helfen ～^{3}を手伝う、助ける
ユーリアはいつも母親を手伝う。 **名詞の格は動詞や前置詞で決まる**

Übung 4 Ordnen Sie zu. 動詞を変化させ、並べ替えて正しい文を作りなさい。名詞の前の冠詞は、1格で書いてあるので、必要ならば変化させなさい。

1. 私はその男性を手伝う。 helfen / ich / der Mann / .
____
2. 彼は一枚のセーターを持っている。 ein Pullover / haben / . / er
____
3. 彼女は一枚の絵を買う。 ein Bild / sie / kaufen / .
____
4. その子供は何という名前なの？ das Kind / ? / wie / heißen
____
5. その女性はその女子学生に一本のボールペンを贈る。
die Frau / die Studentin / schenken / ein Kugelschreiber / .
____

単語

□ ***m.* Mann** 男性 □ ***n.* Auto** 車 □ **neu** 新しい □ **schenken** 贈る □ ***n.* Buch** 本
□ **suchen** 探す □ ***m.* Hund** 犬 □ **hierher** こちらへ □ ***n.* Bild** 絵
□ **geben** あげる、与える □ ***f.* Frau** 女性、妻 □ ***n.* Heft** ノート □ ***f.* Katze** 猫
□ ***m.* Pullover** セーター □ ***m.* Kugelschreiber** ボールペン □ **kaufen** 買う □ ***n.* Kind** 子供
□ ***m.* Vater** 父 □ ***f.* Mutter** 母

Lektion 5 人称代名詞

格＼人称	単数					複数		
	1人称	2人称	3人称			1人称	2人称	3人称／2人称敬称
主格（1格）	ich	du	er	sie	es	wir	ihr	sie / Sie
与格（3格）	mir	dir	ihm	ihr	ihm	uns	euch	ihnen / Ihnen
対格（4格）	mich	dich	ihn	sie	es	uns	euch	sie / Sie

6

Wie findest du den Schal? — Ich finde ihn hübsch.　名詞が人でなければ、代名詞は文法性を受ける

君はこのスカーフをどう思う？ — かわいいと思うよ。

Der Rock gefällt mir sehr.　私はこのスカートをとても気に入っている。

〔3格目的語と4格目的語の語順〕

①両方名詞：3格→4格

Ich gebe dem Kind den Bleistift.　私はその鉛筆をその子供にあげる。

②代名詞と名詞：代名詞→名詞

Ich gebe ihm den Bleistift.　私は彼にその鉛筆をあげる。

Ich gebe ihn dem Kind.　私はそれをその子供にあげる。

③両方代名詞：4格→3格

Ich gebe ihn ihm.　私はそれを彼にあげる。

Übung 1　Ergänzen Sie.　それぞれの人称代名詞の3格・4格の形を書きなさい。

	1格	3格	4格		1格	3格	4格
私	ich			私たち	wir		
君	du			君たち	ihr		
彼	er			彼ら／あなた	sie/Sie		
彼女	sie						
それ	es						

Übung 2　Deklinieren Sie.　人称代名詞を変化させなさい。

1. Ich gebe ______________ (du) einen Computer.　私は君にパソコンをあげる。
2. Du schenkst ______________ (ich) einen Bleistift.　君は私に鉛筆をプレゼントしてくれる。
3. Ich finde ______________ (sie) schön.　ぼくは彼女を美しいと思う。
4. Die Tasche gefällt ______________ (er).　▶～[3] gefallen（～[1]が）～[3]の気に入る
   そのカバンは彼のお気に入りだ。
5. Sie liebt ______________ (wir).　彼女は私たちを愛している。

Übung 3 Ergänzen Sie. 下線部に代名詞を入れなさい。

1. Sie schenkt ______________ die Kamera. 彼女は彼にそのカメラをプレゼントする。
2. Er schickt ______________ ein Paket. 彼は私たちに小包を送る。
3. Peter hat eine Tasche. Ich finde ______________ schick.
   ペーターはカバンを持っている。私はそれをおしゃれだと思う。
4. Ich male jetzt ein Bild. Ich schenke ______________ Michael.
   私は今、絵を描いてるんだ。それをミヒャエルに贈るんだ。
5. Siehst du da eine Jacke? Er kauft ______________ ______________ .
   あそこにあるジャケットが見える？彼がそれを私に買ってくれるのよ。
6. Gehört ______________ das Hemd ? ▶～³ gehören（～¹が）～³のものである
   そのシャツは君のものかい？
7. Wie findest du den Mantel? — Ich finde ______________ schön.
   君はこのコートをどう思う？ — きれいだと思うよ。
8. Alex liebt ______________ . アレックスは彼女を愛している。
9. Besucht er ______________ am Wochenende? 彼は週末に君たちを訪ねるの？
10. Da kommt ein Mädchen. ______________ ist Sabine.
   あそこに一人の少女がやってくる。あれはザビーネだよ。

Übung 4 Schreiben Sie. 動詞を変化させ、並べ替えて、文にしなさい。

1. 彼女は彼にジャケットをプレゼントする。schenken / eine Jacke / ihm / sie / .

   ____

2. ここに一冊の本がある。Hier ist ein Buch.
   私たちは彼らにそれをあげる。geben / ihnen / es / wir / .

   ____

3. その車を私たちはとても気に入っている。uns / gefallen / das Auto / . / sehr

   ____

4. 君は彼女に何を贈るの？ du / schenken / was / ihr / ?

   ____

5. 今日彼らは僕を訪ねてくる。besuchen / heute / sie / mich / .

   ____

単語

☐ ***m.* Schal** マフラー、スカーフ ☐ **hübsch** かわいい ☐ ***m.* Rock** スカート
☐ **gefallen** ～³の気に入る ☐ ***m.* Bleistift** 鉛筆 ☐ ***m.* Computer** パソコン
☐ ***f.* Tasche** カバン ☐ **lieben** 愛する ☐ ***f.* Kamera** カメラ ☐ **schicken** 送る
☐ ***n.* Paket** 小包 ☐ **schick** おしゃれ、かっこいい ☐ **malen** 描く ☐ ***f.* Jacke** ジャケット
☐ **gehören** ～³のものである ☐ ***n.* Hemd** シャツ ☐ ***m.* Mantel** コート
☐ **besuchen** 訪問する ☐ **am Wochenende** 週末に ☐ ***n.* Mädchen** 少女 ☐ **hier** ここに（で）

Lektion 6 所有代名詞と否定冠詞

所有代名詞・否定冠詞の変化は不定冠詞とほぼ同じ

	単数						複数 *pl.*	
	男性 *m.*		女性 *f.*		中性 *n.*			
	mein(私の)	kein(〜ない)						
1格	mein	kein	meine	keine	mein	kein	meine	keine
2格	meines	keines	meiner	keiner	meines	keines	meiner	keiner
3格	meinem	keinem	meiner	keiner	meinem	keinem	meinen	keinen
4格	meinen	keinen	meine	keine	mein	kein	meine	keine

7

所有代名詞　ich → mein（私の）　du → dein（君の）　er → sein（彼の）　sie（彼女）→ ihr（彼女の）
es → sein（それの）　wir → unser（私たちの）　ihr → euer（君たちの）
sie（彼ら）→ ihr（彼らの）　Sie → Ihr（あなた（方）の）

Mein Bruder fotografiert gern.　私の兄は、写真を撮るのが好きです。

Wie ist der Name ihrer Schwester?　彼女のお姉さんの名前は何というの？

Heute Abend besuche ich seinen Vater.　今晩、私は彼のお父さんを訪ねる。

Die Mutter uns (e) res* Freundes kocht gut.　私たちの友達の母親は、料理がうまい。

* unser「私たちの」、euer「君たちの」では e の省略が起こることがある。

Ich habe noch kein Kind.　私にはまだ子供がいない。

Er isst keinen Fisch.　彼は魚を食べない。

Übung 1 Ergänzen Sie.　対応する所有代名詞を書きなさい。

ich → ____________　　wir → ____________

du → ____________　　ihr → ____________

er → ____________　　sie（彼ら） → ____________

sie（彼女） → ____________　　Sie → ____________

es → ____________

Übung 2 Deklinieren Sie.　格変化させなさい。

	dein Onkel（複数形：Onkel）		euer Schwester（複数形：Schwestern）	
	単数	複数	単数	複数
1格	dein Onkel	Onkel	Schwester	eu(e)re Schwestern
2格	Onkels	Onkel	Schwester	Schwestern
3格	Onkel	Onkeln	eu(e)rer Schwester	Schwestern
4格	Onkel	deine Onkel	Schwester	Schwestern

	ihr Kind（複数形：Kinder）		sein Freund（複数形：Freunde）	
	単数	**複数**	**単数**	**複数**
1格	Kind	Kinder	sein Freund	Freunde
2格	ihres Kind(e)s	Kinder	Freund(e)s	Freunde
3格	Kind	ihren Kindern	Freund	Freunden
4格	Kind	Kinder	Freund	seine Freunde

Übung 3 Ergänzen Sie. 空欄に所有代名詞を入れなさい。

1. Ist er ______________ Onkel? — Nein, ich habe ______________ Onkel.
   彼は君のおじさんかい？ — いいや、私にはおじはいないよ。
2. Die Brille gehört ______________ Mutter. このメガネは彼女のお母さんのものだ。
3. Sie ist ______________ Studentin. Sie ist ______________ Lehrerin.
   彼女は学生ではありません。彼女は私たちの先生です。
4. Besucht er heute ______________ Bruder in München?
   彼は今日、ミュンヘンにいる彼の兄を訪ねるのかい？
5. Das Zimmer ______________ Vaters ist sehr groß. 君たちのお父さんの部屋はとても大きいね。
6. Das Kleid passt ______________ Schwester. ▶～^{3} passen ～^{3}に合う
   このワンピースは私の妹にぴったりだ。
7. Trinkst du gern Kaffee? — Nein, ich trinke ______________ Kaffee. ▶ *m.* Kaffee コーヒー
   君はコーヒーを飲むのは好き？ — いいえ、私はコーヒーを飲まないよ。
8. ______________ Hund ist sehr klein. 彼らの犬はとても小さい。
9. Kommen ______________ Freunde auch heute? あなたのお友達も今日来られるのですか？
10. Das sind ______________ Kinder.* これが私の子供たちです。

* **Das ist**... / **Das sind**...「こちらは…／これは…」: sein 動詞は後ろの名詞に応じて人称変化する。

Übung 4 Ergänzen Sie. 動詞を変化させ、並べ替えて正しい文を作りなさい。所有代名詞と否定冠詞は、男性1格で書いてあるので，変化させなさい。

1. 君たちは今日の昼、君たちの先生を訪ねるの？ ihr / euer / heute Mittag / besuchen / Lehrer / ?

   ____

2. 私の友達が彼の誕生日を祝うよ。 ▶feiern 祝う *m.* Geburtstag 誕生日
   feiern / sein / Freunde / mein / Geburtstag / .

   ____

3. 彼女のおばあさんは猫を飼っていない。 ▶*f.* Großmutter 祖母
   ihr / Katze / kein / haben / Großmutter / .

   ____

単語

□ ***m.* Bruder** 兄、弟　□ **fotografieren** 写真を撮る　□ ***m.* Name** 名前　□ ***f.* Schwester** 姉、妹
□ ***m.* Abend** 晩　□ ***m.* / *f.* Freund/-in** 友達　□ **kochen** 料理する　□ **noch** + 否定　まだ～ない
□ ***m.* Onkel** 叔父　□ ***f.* Brille** メガネ　□ ***n.* Zimmer** 部屋　□ **groß** 大きい
□ ***n.* Kleid** ワンピース　□ **passen** ～^{3}に合う　□ ***m.* Kaffee** コーヒー　□ **klein** 小さい
□ **auch** ～も　□ ***m.* Mittag** 昼　□ **feiern** 祝う　□ ***m.* Geburtstag** 誕生日
□ ***f.* Großmutter** 祖母

Lektion 7 名詞の数と格変化

名詞の格変化 複数3格 den –(e)n、男性・中性単数2格 des –(e)s

	m. der Freund（複数形 -e）		*f.* die Blume（複数形 -n）		*n.* das Haus（複数形 ¨-e）	
格	単数	複数	単数	複数	単数	複数
1格	der Freund	die Freunde	die Blume	die Blumen	das Haus	die Häuser
2格	des Freund(e)s	der Freunde	der Blume	der Blumen	des Hauses	der Häuser
3格	dem Freund	den Freunden	der Blume	den Blumen	dem Haus	den Häusern
4格	den Freund	die Freunde	die Blume	die Blumen	das Haus	die Häuser

＊単数2格、複数1格の形は *m.* Freund（-(e)s/-e）のように表記される。

名詞の複数形

8

①無語尾：der Japaner 日本人 → die Japaner　　der Bruder 兄・弟 → die Brüder

②–er/¨-er：das Kind 子供 → die Kinder　　das Haus 家 → die Häuser

③–e/¨-e：der Freund 友達 → die Freunde　　die Hand 手 → die Hände

④–n/－en：die Blume 花 → die Blumen　　die Zeitung 新聞 → die Zeitungen

⑤–s：das Auto 車 → die Autos（主に外来語、複数3格の -(e)n はつかない）

単数1格以外すべて語尾は -(e)n

〔男性弱変化名詞〕語尾が -ent, -ist, -e などの男性名詞

	der Junge 若者（複数形 -n）		der Student 学生（複数形 -en）	
格	単数	複数	単数	複数
1格	der Junge	die Jungen	der Student	die Studenten
2格	des Jungen	der Jungen	des Studenten	der Studenten
3格	dem Jungen	den Jungen	dem Studenten	den Studenten
4格	den Jungen	die Jungen	den Studenten	die Studenten

Übung 1 **Deklinieren Sie.** 1.～4. の名詞を格変化させなさい。5.～8. は定冠詞と不定冠詞の両方をつけなさい。

不定冠詞つき名詞の複数は無冠詞

1. 単1 der Tag (–es/–e) ＿＿＿　複1 ＿＿＿
   2 ＿＿＿　2 ＿＿＿
   3 ＿＿＿　3 ＿＿＿
   4 ＿＿＿　4 ＿＿＿

2. 単1 der Journalist (–en/–en) ＿＿＿　複1 ＿＿＿
   2 ＿＿＿　2 ＿＿＿
   3 ＿＿＿　3 ＿＿＿
   4 ＿＿＿　4 ＿＿＿

3. 単1 eine Wand (–/¨-e) ＿＿＿　複1 ＿＿＿
   2 ＿＿＿　2 ＿＿＿
   3 ＿＿＿　3 ＿＿＿
   4 ＿＿＿　4 ＿＿＿

4. 単1 *n.* ein Hotel (–s/–s) ＿＿＿　複1 ＿＿＿
   2 ＿＿＿　2 ＿＿＿
   3 ＿＿＿　3 ＿＿＿
   4 ＿＿＿　4 ＿＿＿

5. *n.* Kleid (–(e)s/–er)　6. *f.* Katze (–/–n)　7. *n.* Bett (–(e)s/–en)　8. *n.* Fenster (–s/–)

Übung 2 **Schreiben Sie.** （　）内の名詞を複数形にして、文を書き換えなさい。

1. (Das Kind) hilft (dem Japaner). その子供はその日本人を手伝う。
2. Sie schenkt (dem Freund) (eine Blume). 彼女は友人に花を贈る。
3. Wo wohnt (der Student)? その学生はどこに住んでいるの？
4. Ich besuche (das Haus) (des Journalisten). 私はそのジャーナリストの家を訪ねる。
5. Er kennt (ihren Bruder). 彼は彼女の兄を知っている。 ▶kennen 知っている
6. (Das Fenster) seines Hauses ist sehr groß. 彼の家の窓はとても大きい。

Übung 3 **Schreiben Sie.** 動詞を変形させ、下線部の名詞を複数形に、二重下線部の名詞を2格に直して、正しい文を作りなさい。

1. その母親は毎日子供たちに手紙を書く。 ▶～^{3} schreiben ～^{3}に手紙を書く
   schreiben / jeden Tag / das Kind / die Mutter / .
2. 君はこの家の窓をどう思う？ Fenster / wie / ? / du / finden / das Haus
3. 彼の友人たちはスイス出身だ。 sein Freund / aus der Schweiz* / kommen / .
4. 彼女は二匹猫を飼っている。 haben / . / zwei / sie / eine Katze ▶zwei 2
5. ペートラはいつもたくさん服を買う。 viele / immer / kaufen / ein Kleid / Petra / .
6. 彼女の両親の家の庭はかなり大きい。 ▶*pl.* Eltern 両親 *m.* Garten 庭
   ihre Eltern / das Haus / der Garten / groß / . / ziemlich / sein

* 地名・都市名・国名：一般に中性、無冠詞で用いられ、複数の固有名詞には定冠詞を付ける。女性の国名や、山・川・海の名前にも定冠詞を付ける。
Deutschland (2格 Deutschlands)　Berlin (2格 Berlins)
die Niederlande オランダ　die Alpen アルプス　die Schweiz スイス
die Donau ドナウ川　der Rhein ライン川

単語

□ ***m.* / *f.* Japaner/-in** 日本人　□ ***f.* Hand** 手　□ ***m.* Tag** 日
□ ***m.* / *f.* Journalist/-in** ジャーナリスト　□ ***f.* Wand** 壁　□ ***n.* Hotel** ホテル　□ ***n.* Bett** ベッド
□ ***n.* Fenster** 窓　□ **kennen** 知っている　□ **schreiben** 書く　□ ***f.* Schweiz** スイス
□ ***pl.* Eltern** 両親　□ ***m.* Garten** 庭　□ **ziemlich** かなり

Lektion 8 話法の助動詞

ich と er/sie/es の語形変化は、形は同じで語尾はなし

	dürfen	können	wollen	müssen	mögen	sollen	möchten	wissen
ich	darf	kann	will	muss	mag	soll	möchte	weiß
du	darfst	kannst	willst	musst	magst	sollst	möchtest	weißt
er/sie/es	darf	kann	will	muss	mag	soll	möchte	weiß
wir	dürfen	können	wollen	müssen	mögen	sollen	möchten	wissen
ihr	dürft	könnt	wollt	müsst	mögt	sollt	möchtet	wisst
sie/Sie	dürfen	können	wollen	müssen	mögen	sollen	möchten	wissen

9

話法の助動詞 話者の動詞に対する心的態度を示す。

dürfen「～してもよい」 können「～できる、～かもしれない」 wollen「～つもり」

müssen「～しなければならない、～に違いない」 mögen「～を好む」(「～かもしれない」)

sollen「～すべき、～だそうだ、～するよう言われている」 möchten「～したい」

* wissen「知っている」は動詞だが、話法の助動詞と同様の人称変化をする。

* mögen は、推量の助動詞としてよりも、本動詞「好む」として用いられることが多い。

Ich mag Kaffee. 私はコーヒーが好きだ。

語順 助動詞を人称変化させ、不定詞は文末に置く。

Sie ist krank. 彼女は病気である。→ Sie mag krank sein. 彼女は病気かもしれない。

Heute muss ich nach Kyoto fahren. 今日私は京都へ行かねばならない。

Du sollst Deutsch lernen. 君はドイツ語を学ぶべきだ。

〔dürfen ＋否定＝禁止〕 Darf man hier nicht parken? ここは駐車禁止ですか？

〔müssen ＋否定＝不必要〕 Du musst nicht kommen. 君は来る必要はない。

〔können（二人称疑問文）＝依頼〕 Kannst du mir helfen? 手伝ってくれる？

Übung 1 Ergänzen Sie. 表の空欄を埋めなさい。

不定詞		mögen						
意味	～できる							
ich						muss		
du				sollst				
er/sie/es			darf					
wir								wissen
ihr					möchtet			
sie/Sie							wollen	

Übung 2 Ergänzen Sie. 動詞または助動詞を変化させて、下線部に入れなさい。

1. ______________ du Auto ______________ ? 君は車を運転できる？
2. Am Montag ______________ ich meine Schwester in Tokyo besuchen.
   月曜日に私は、東京の姉を訪ねるつもりだ。
3. ______________ Sie mir Ihre Adresse zeigen?
   私にあなたの住所を教えていただけますか？（教えることができる）
4. Du ______________ bald ins Bett gehen! 君はそろそろ寝ないとだめだよ！
5. Sophie ______________ etwa 30 Jahre alt ______________ . ゾフィーは30歳くらいだろうか。
6. Sie ______________ am Abend nach Hause ______________ .
   彼女は夕方家に帰らねばならない。
7. Was ______________ du heute machen? 君は今日何をしたい？
8. Man ______________ hier nicht fotografieren.* ここでは写真撮影は禁止です。
9. ______________ du ihre Adresse? 君は彼女の住所を知っている？*
10. Noch eine Stunde ______________ ich warten.* 私はあと1時間待たなければならない。
11. Sie ______________ sehr gut Ski fahren. 彼らはスキーがとてもうまい。
12. ______________ ihr den Teppich verkaufen? 君たちはそのじゅうたんを売るつもり？

* **man**：一般の人を表す。訳さないことが多く、文法的には三人称単数扱い。
* **wissen** と **kennen**：kennen は、直接見聞きしたことや、体験に基づいて知っていることを指す。
wissen は、間接的な知識や情報として承知していることを指す。
Ich weiß die Straße. 私はその通りを知っている。
Ich kenne die Straße. 私はその通りを（通って・見て）知っている。
* **auf ～^{4} warten**「～^{4}を待つ」：warten「待つ」は自動詞のため、「～を」を付ける場合、auf を伴う。

Übung 3 Schreiben Sie. 助動詞を変化させ、並べ替えて正しい文を作りなさい。

1. 彼は彼のガールフレンドに誕生日に何をプレゼントするつもり？
   er / seiner / zum Geburtstag / was / schenken / wollen / Freundin / ?
   ____
2. ぼくは残念ながら日曜日も働かなければならない。
   leider / am Sonntag / auch / arbeiten / müssen / ich / .
   ____
3. 君は彼の名前を知っている？－いや、知らないよ。
   wissen / seinen / du / Namen / ? － wissen / ich / , / nicht / es / nein / .
   ____

単語

☐ **krank** 病気の ☐ **nach**＋地名 ～へ ☐ **parken** 駐車する ☐ **am**＋曜日 ～曜日に
☐ ***m.* Montag** 月曜 ☐ ***f.* Adresse** 住所 ☐ **zeigen** 見せる、示す、教える ☐ **bald** もうすぐ
☐ **gehen** 行く ☐ **ins Bett gehen** 寝る ☐ **etwa** 約 ☐ **～ Jahre alt** ～歳
☐ **nach Hause gehen** 家に帰る ☐ **noch** さらに ☐ ***f.* Stunde** 時間
☐ **auf ～^{4} warten** ～^{4}を待つ ☐ ***m.* Teppich** じゅうたん ☐ **verkaufen** 売る
☐ ***f.* Straße** 通り ☐ ***m.* Sonntag** 日曜

Lektion 9 語順と疑問詞

10

動詞の位置

第2位＝「2番目の単語」ではない！

①定動詞第２位（中置）：平叙文・補足疑問文

Ich fahre heute nach Kyoto.　私は今日京都へ行く。

Heute fahre ich nach Kyoto.　今日私は京都へ行く。

Nach Kyoto fahre ich heute.　京都へ私は今日行く。（nach Kyoto ＝文の第一成分）

Was machst du gern?　君は何をするのが好き？

②定動詞第１位（前置）：決定疑問文・命令文（L22参照）

Fährst du heute nach Kyoto?　君は今日京都に行くの？

Fahren Sie heute nach Kyoto!　今日京都に行ってください！

③定動詞文末（後置）：副文（間接疑問文、従属の接続詞（L16参照）、関係文（L21参照）など）

Weißt du, wer heute kommt?　今日誰が来るのか、君は知ってる？

疑問詞

〔疑問代名詞 wer「誰」・was「何」・welcher「どの、どれ」〕定冠詞と同様の変化

	wer	was
1格	wer	was
2格	wessen	——
3格	wem	——
4格	wen	was

男性	女性	中性	複数
welcher	welche	welches	welche
welches	welcher	welches	welcher
welchem	welcher	welchem	welchen
welchen	welche	welches	welche

Wer besucht Sie heute?　誰が今日あなたを訪ねるのですか？

Wessen Auto ist das?　これは誰の車ですか？

Wem gehört das Auto?　この車は誰のものですか？

Welches Buch willst du kaufen?　どの本を買うつもりだい？

Mit welchem Zug fahren wir?　私たちはどの電車で行くの？

Welche sind ihre Kinder?　どれが彼女の子供たちですか？

［疑問副詞］

wie	どのように	wann	いつ
warum	なぜ	wo	どこで（に）
wohin	どこへ	woher	どこから

Übung 1 Ergänzen Sie. （　）内に当てはまる疑問詞を【　】の中から選んで入れなさい。同じものを二回使用する場合もある。

【wann　wo　woher　wohin　wie　was　warum　welch-　wer　wessen　wem　wen】

1. （　　　　　　）frühstückt sie?　彼女はいつ朝ごはんを食べるの？
2. （　　　　　　）gehört das Motorrad?　このバイクは誰のもの？
3. （　　　　　　）kommst du nicht?　なぜ君は来ないんだ？
4. （　　　　　　）kommt ihr?　君たちの出身は？
5. （　　　　　　）gehst du?　どこへ行くの？
6. （　　　　　　）besuchst du morgen?　君は明日誰を訪ねるんだ？
7. （　　　　　　）Bier möchtest du trinken?　どのビールを君は飲みたい？　▶*n.* Bier ビール

8. (　　　　　) spielen sie jeden Tag Tennis?　彼らは毎日どこでテニスをしているの？
9. Mit (　　　　　) fährt sie nach Salzburg?　▶mit ～³ ～³と
彼女は誰とザルツブルクへ行くの？
10. (　　　　　) Student geht zusammen in die Disko?　どの学生が一緒にクラブへ行くの？

Übung 2 Schreiben Sie um.　(　) 内の指示通りに書き変えなさい。

1. Wann musst du nach Hause gehen?　君はいつ家に帰らなければならないの？
(「僕は知っている」を付けて、間接疑問文に)

____

2. Ich weiß nicht, wen Sie heute besuchen.　あなたが今日誰を訪ねるのか、私は知らない。
(「あなたが今日誰を訪ねるのか」→「誰があなたを今日訪ねるのか」)

____

3. Welche Tasche kaufst du?　君はどのカバンを買うんだい？
(was für ein「どんな種類の」を使って) *

____

* **was für ein**「どんな種類の」: まとめて疑問代名詞として用いられる。名詞の前で用いられる場合、ein は格変化する。物質名詞や複数の前では、ein は省略される。
Was für eine Blume ist das?　それはどんな (種類の) 花ですか？
Was für Saft trinkst du gern?　どんなジュースを飲むのが好き？

Übung 3 Schreiben Sie.　動詞・助動詞を変化させ、並べ替えて正しい文を作りなさい。

1. 君は木曜に誰を訪ねるの？　besuchen / am Donnerstag / du / wen / ?　▶*m.* Donnerstag 木曜

____

2. どこに図書館があるのか、君は知っている？　wissen / du / wo / die Bibliothek / , / sein / ?

____

3. 君はお昼に何を食べたい？　▶zu Mittag essen 昼食をとる
möchten / ? /du / was / essen / zu Mittag

____

4. 彼はどのスカートを彼女にプレゼントするの？　*m.* Rock / ihr / er / schenken / ? / welchen

____

5. 彼はどうやって大学へ来るのかな？－彼は今日は電車で大学へ来るよ。
er / kommen / zur Uni / wie / ? － kommen / heute / mit dem Zug / zur Uni / er / .

____

単語

□ ***m.* Zug** 電車　□ **frühstücken** 朝食をとる　□ ***n.* Motorrad** バイク　□ **morgen** 明日
□ ***n.* Bier** ビール　□ **zusammen** 一緒に　□ ***f.* Disko** クラブ (ディスコ)　□ ***m.* Saft** ジュース
□ ***m.* Donnerstag** 木曜　□ ***f.* Bibliothek** 図書館　□ **zu Mittag essen** 昼食をとる
□ ***f.* Uni** 大学　□ **zur Uni gehen/kommen** 大学へ行く／来る

Lektion 10 指示代名詞

	男性 *m.*	女性 *f.*	中性 *n.*	複数 *pl.*
1格	der	die	das	die
2格	dessen	deren	dessen	deren（derer）
3格	dem	der	dem	denen
4格	den	die	das	die

男性 *m.*	女性 *f.*	中性 *n.*	複数 *pl.*
dieser	diese	dieses	diese
dieses	dieser	dieses	dieser
diesem	dieser	diesem	diesen
diesen	diese	dieses	diese

11

指示代名詞 der「それ、これ」 アクセント有、da や hier と共に現れることもある。

Kennst du den Mann? − Nein, den kenne ich nicht. 指示代名詞 der は文頭に出やすい

君はこの男性を知っている？－いいや、私はこの人を知らないよ。

Hier sind viele Stühle. Wie findest du den da?

ここにはたくさんのイスがあるよ。そこのそれ（イス）はどう？

〔文全体を受ける das〕 Er fehlt heute. − Das weiß ich. 彼は今日欠席だよ。－知っているよ。

〔「紹介」の Das ist/sind...〕 Das sind Herr und Frau Müller. こちらはミュラーさん夫妻です。

〔2格の指示代名詞〕 先行する名詞の一番近い同性の名詞を受ける。

Meine Schwester reist mit Amelie und deren Freund nach Deutschland.

私の姉はアメリーとアメリーの友人と一緒にドイツへ旅行する。

指示代名詞 dieser「この」・jener「あの」・solcher「そんな、こんな、あんな」

Das sind Herr Meyer und Herr Schmidt. Dieser ist Politiker, und jener ist Professor.

こちらはマイヤーさんとシュミットさんだよ。シュミットさんは政治家、マイヤーさんは教授さ。

Vielleicht gefällt ihm ein solcher Hut nicht. たぶん彼はそんな帽子は気に入らないよ。

Übung 1 Ergänzen Sie. 下の表を完成させなさい。

	指示代名詞「あの」			
	男性	女性	中性	複数
1格				
2格				
3格				
4格				

指示代名詞「そんな・こんな・あんな」			
男性	女性	中性	複数

Übung 2 Deklinieren Sie. 1.～4. を格変化させなさい。意味も考えてみること。

1. 意味：＿＿＿＿＿＿＿＿ (–s/–s)
1格 dieses Auto ＿＿＿＿＿＿＿＿
2格 ＿＿＿＿＿＿＿＿ ＿＿＿＿＿＿＿＿
3格 ＿＿＿＿＿＿＿＿ ＿＿＿＿＿＿＿＿
4格 ＿＿＿＿＿＿＿＿ ＿＿＿＿＿＿＿＿

2. 意味：＿＿＿＿＿＿＿＿ (–/–en)
1格 solche Frau ＿＿＿＿＿＿＿＿
2格 ＿＿＿＿＿＿＿＿ ＿＿＿＿＿＿＿＿
3格 ＿＿＿＿＿＿＿＿ ＿＿＿＿＿＿＿＿
4格 ＿＿＿＿＿＿＿＿ ＿＿＿＿＿＿＿＿

3. 意味：＿＿＿＿＿＿ (–(e)s/¨–e)

1格	jener Hut	
2格		
3格		
4格		

4. 意味：あの子供 (–(e)s/–er)

1格	jenes Kind	
2格		
3格		
4格		

Übung 3 Ergänzen Sie. 下線部に当てはまる指示代名詞を入れなさい。

1. Ich finde den Ring schön. – ＿＿＿＿＿＿ finde ich auch sehr schön. ▶*m.* Ring 指輪
   私はその指輪をとてもきれいだと思う。–ぼくも（それを）とてもきれいだと思うよ。
2. Mir gefällt die Jacke hier. – ＿＿＿＿＿＿ gefällt mir nicht so.
   ぼくはここにあるジャケットが気に入っている。–私は（それは）あまり気に入らないわ。
3. Wie findest du ＿＿＿＿＿＿ Regal? – ＿＿＿＿＿＿ finde ich modern.
   この棚をどう思う？–私は（それを）モダンだと思うよ。 ▶*n.* Regal 棚
4. Sie hat eine Schwester. ＿＿＿＿＿＿ ist Studentin.
   彼女は妹が一人いる。その妹は学生だ。
5. ＿＿＿＿＿＿ Blumen sind sehr schön. ＿＿＿＿＿＿ möchte ich meiner Mutter schenken.
   これらの花はとても美しいね。これをぼくは僕の母にプレゼントしたい。
6. Dort sind Michael und Peter. ＿＿＿＿＿＿ studiert Physik, ＿＿＿＿＿＿ studiert Kunst.
   あそこにミヒャエルとペーターがいます。ペーターは物理を、ミヒャエルは美術を専攻しています。
7. Ken geht mit seinem Bruder und ＿＿＿＿＿＿ Freund einkaufen.
   ケンは彼の兄とその友達と、買い物に行く。
8. ＿＿＿＿＿＿ Leute möchte ich nie sehen. そんな人たちに、私は決して会いたくない。

Übung 4 Schreiben Sie. 動詞・助動詞と指示代名詞を変化させ、並べ替えて正しい文を作りなさい。

1. この指輪は誰の？ gehören / ? / wem / *m.* Ring / dies-
   ＿＿＿＿＿＿＿＿＿＿＿＿＿＿＿＿＿＿＿＿
2. 例の女性がまた来るらしいよ。 Frau / jen- / kommen / . / wieder / sollen
   ＿＿＿＿＿＿＿＿＿＿＿＿＿＿＿＿＿＿＿＿
3. 君は彼女にそんな靴下をあげるの？ du / schenken / solch- / ihr / *pl.* Socken / ?
   ＿＿＿＿＿＿＿＿＿＿＿＿＿＿＿＿＿＿＿＿
4. 今度の水曜日、彼は18歳になる。* *m.* Mittwoch / er / werden / . / Jahre / dies- / 18 / alt
   ＿＿＿＿＿＿＿＿＿＿＿＿＿＿＿＿＿＿＿＿

＊副詞的4格：副詞として用いられる4格は、時間表現が多い。
jeden Tag 毎日　letzten Monat 先月　dieses Jahr 今年

単語

□ ***m.* Stuhl** (***pl.* ¨–e**) イス　□ **fehlen** 欠席する、欠けている　□ ***m.* / *f.* Politiker/-in** 政治家
□ ***m.* / *f.* Professor/-in** 教授　□ **vielleicht** たぶん、おそらく　□ ***m.* Hut** 帽子
□ ***m.* Ring** 指輪　□ ***n.* Regal** 棚　□ ***f.* Physik** 物理　□ ***f.* Kunst** 美術
□ **einkaufen gehen** 買い物に行く　□ ***pl.* Leute** 人々　□ **nie** 決して〜ない　□ **wieder** 再び
□ ***f.* Socke** (***pl.* -n**) 靴下　□ ***m.* Mittwoch** 水曜　□ ***n.* Jahr** (***pl.* -e**) 年　□ **alt** 古い
□ **letzt** 最後の　□ ***m.* Monat** 月

Lektion 11 不定代名詞

	人（一般）	何か	何も～ない	誰か
1格	man	etwas	nichts	jemand
2格	—	—	—	jemandes
3格	einem	—	—	jemand(em)
4格	einen	etwas	nichts	jemand(en)

多くの場合2格は使用されない

12

不定代名詞 物や人が特定されていない時に用いる。

Was spricht man in Deutschland? ドイツでは何語が話されていますか？

Es kostet nichts. 無料です。

Möchte jemand eine Banane? 誰かバナナはいりませんか？

〔einer「誰か一人・何か一つ」〕定冠詞類の格変化（男性1格 einer、中性1・4格 eins）

Einer von euch darf hier sitzen. 君たちのうち一人はここに座ってもいいよ。

Wo finde ich Möbel? Ich suche welche für meine neue Wohnung.

家具はどこで見つけられますか？ いくつか家具を新しい住居に探しているのですが。

* 複数の場合は、welche を用いる。(1格 welche, 3格 welchen, 4格 welche)

〔jeder「各・毎・それぞれの」、alle「すべての」〕定冠詞類の格変化（中性1・4格 -es）

Jeder kann Auto fahren. 誰でも車を運転できます。

Ist das alles? それだけですか？ **alles は単数扱い**

Der Arzt sagt jedes Mal etwas anderes. その医者は毎回違うことを言う。

Alle Kinder spielen gerne draußen. すべての子供は外で遊ぶのが好きです。

* 名詞に付けて用いる場合は、冠詞と同様に後続の名詞の性・数・格に応じて格変化する。

Übung 1 Ergänzen Sie. （ ）内に不定代名詞を埋めなさい。

1. Hier darf (　　　　) nicht rauchen. ここは禁煙です。
2. Gibt es (　　　　) Neues?* – Nein, (　　　　).
   なにか新しいことあった？ — ううん、何もない。
3. Wie schreibt (　　　　) das?
   綴りを教えてください。(どうやって書くのですか？)
4. Wo ist mein Hund? Weiß es (　　　　)? 私の犬はどこ？誰か知りませんか？
5. Ich will (　　　　) essen. 何も食べたくない。
6. (　　　　) in Ordnung. 全てオッケー（問題ない）。 ▶in Ordnung sein 問題ない

* **etwas** (**was**) + 形容詞 –(**e**)**s**「何か～なもの」: 形容詞の名詞化（発展編 L12参照）

Übung 2 **Ergänzen Sie.** （　）内の不定代名詞を格変化させ、下線部に入れなさい。

1. Sie spricht zwei Sprachen. ______________ ist Deutsch. Die andere ist Englisch. (einer)
   ▶ein...der/die/das andere(n)... ひとつは…もうひとつは…
   彼女は2つの言語を話します。一つはドイツ語で、もう一つは英語です。
2. Der Plan ist zu alt. Wir müssen ______________ neuen kaufen. (einer)
   この地図は古すぎるよ。新しいのを買わないと。
3. Ich schenke ______________ Kind eine Schokolade. (jeder)
   私はそれぞれの子供にチョコレートをあげる。
   副詞的4格に注意
4. ______________ Tag schickt er mir E-Mails. (jeder)　毎日彼は私にメールを送ってくる。
5. Du trägst heute einen süßen Rock! Ich möchte auch ______________ tragen. (einer)
   今日、すごくかわいいスカートはいているね！私も欲しいわ！
6. ______________ Jahr fliege ich nach Deutschland. (jeder)　毎年私はドイツに行きます。
7. Wir wünschen ______________ Kindern schöne Sommerferien! (aller)
   すべての子供がすてきな夏休みを過ごせますように！
8. Er geht ______________ Morgen eine Stunde spazieren. (jeder)
   彼は毎朝1時間散歩をします。
9. Wir ______________ studieren Medizin. (alle)　私たちはみんな医学専攻です。

Übung 3 **Schreiben Sie.** 動詞を変化させ、並べ替えて正しい文を作りなさい。必要な場合は、不定代名詞も変化させること。

1. オーストリアではドイツ語を話す。 Deutsch / sprechen / in / Österreich / man / .

   ____
2. 彼は夏になるといつもドイツに旅行に行く。
   reisen / er / immer / . / nach / jeder / Deutschland / Sommer

   ____
3. 私は妻には何も贈らない。 nichts / Frau / schenken / . / meiner / ich

   ____
4. 全ての女性は美しい。 Frauen / schön / sein / alle / .

   ____
5. 誰か犬を飼っていますか？ Hund / jemand / ? / haben / einen

   ____

単語

☐ **kosten** (値段が) 〜である　☐ ***f.* Banane** バナナ　☐ ***n.* Möbel** (***pl.* –**) 家具
☐ ***f.* Wohnung** 住居　☐ **sagen** 言う　☐ ***n.* Mal** 回　☐ **ander** 他の、別の　☐ **draußen** 外で
☐ **rauchen** タバコを吸う　☐ ***f.* Sprache** (***pl.* -n**) 言語　☐ ***m.* Plan** 地図
☐ ***f.* Schokolade** チョコレート　☐ ***f.* E-Mail** Eメール　☐ **tragen** 着る　☐ **süß** かわいい、甘い
☐ **fliegen** 飛ぶ、飛行機に乗る　☐ **wünschen** 願う　☐ ***m.* Sommer** 夏　☐ ***pl.* Ferien** 休暇
☐ **spazieren gehen** 散歩に行く　☐ ***m.* Morgen** 朝　☐ **Österreich** オーストリア

Lektion 12 形容詞の格変化

	男性	女性	中性	複数
〔弱変化〕定冠詞（類）＋形＋名：単数1格と男・中4格 -e、それ以外は全て -en				
1格	der kleine Hund	die nette Frau	das große Haus	die kleinen Hunde
2格	des kleinen Hund(e)s	der netten Frau	des großen Haus(e)s	der kleinen Hunde
3格	dem kleinen Hund	der netten Frau	dem großen Haus	den kleinen Hunden
4格	den kleinen Hund	die nette Frau	das große Haus	die kleinen Hunde
〔混合変化〕不定冠詞（類）＋形＋名：弱変化とほぼ同じ、男1格 -er、中1・4格 -es				
1格	ein kleiner Hund	eine nette Frau	ein großes Haus	meine kleinen Hunde
2格	eines kleinen Hund(e)s	einer netten Frau	eines großen Haus(e)s	meiner kleinen Hunde
3格	einem kleinen Hund	einer netten Frau	einem großen Haus	meinen kleinen Hunden
4格	einen kleinen Hund	eine nette Frau	ein großes Haus	meine kleinen Hunde
〔強変化〕形＋名：定冠詞とほぼ同じ変化で、男・中2格 -en				
1格	kleiner Hund	nette Frau	großes Haus	kleine Hunde
2格	kleinen Hund(e)s	netter Frau	großen Haus(e)s	kleiner Hunde
3格	kleinem Hund	netter Frau	großem Haus	kleinen Hunden
4格	kleinen Hund	nette Frau	großes Haus	kleine Hunde

13

Die nette Frau ist Frau Schwarz.　その親切な女性はシュヴァルツさんといいます。
Zur Begrüßung reichen Sie die rechte Hand.　あいさつで右手を出します。
Heute ist ein schöner Tag.　今日はとても良い日です。
Ich habe ein schönes Haus.　私は素敵な家を持っている。
Heute haben wir schönes Wetter.　今日はいい天気だね。
Kleine Ursache, große Wirkung.　小さなきっかけが大きな作用をする。（ことわざ）

定冠詞の変化との違いに注意

Übung 1 Deklinieren Sie.　格変化させなさい。

1. ein pünktlicher Zug（時間通りの電車）
   2格 ____________ 3格 ____________ 4格 ____________
2. die kleine Seife（その小さい石鹸）
   2格 ____________ 3格 ____________ 4格 ____________
3. dein weißes Taschentuch（君の白いハンカチ）
   2格 ____________ 3格 ____________ 4格 ____________
4. eure freundlichen Freunde（君たちの優しい友人たち）
   2格 ____________ 3格 ____________ 4格 ____________
5. der süße Wein（その甘いワイン）
   2格 ____________ 3格 ____________ 4格 ____________
6. neue Kultur（新しい文化）
   2格 ____________ 3格 ____________ 4格 ____________
7. gelbes Taxi（黄色いタクシー）
   2格 ____________ 3格 ____________ 4格 ____________
8. billige Handschuhe（安い手袋）
   2格 ____________ 3格 ____________ 4格 ____________

Übung 2 Ergänzen Sie. 表の空欄を埋めなさい。 所有冠詞は不定冠詞類

	男性	女性	中性	複数
1格				Ihre lustigen Videos
2格		seiner süßen Katze		
3格	ihrem netten Mann			
4格			ein kleines Mädchen	

Übung 3 Ergänzen Sie. 下線部に当てはまる語尾を書きなさい。語尾がない場合は、×を書きなさい。

1. Ich schenke dir ein dick ________ Buch. あなたに分厚い本をプレゼントするわ。
2. Ich suche einen interessant ________ Film. 面白い映画を探しています。 ▶*m.* Film 映画
3. Mein groß ______ Problem ist Faulheit. 私の問題点は怠惰なところです。 ▶*n.* Ploblem 問題
4. die Geschichte einer kaputt ________ Familie 崩壊した家族の物語 ▶*f.* Familie 家族
5. Die bekannt ______ Schauspielerin besucht heute diese klein ______ Stadt. ▶*f.* Stadt 町
   その有名な女優が今日この小さな町を訪れる。 指示代名詞 dieser は定冠詞類
6. Das neu ________ Handy erscheint noch in diesem Jahr. 最新の携帯が今年出ます！
7. In Zeiten des kalt ________ Krieges ist mein Großvater gestorben. ▶*m.* Krieg 戦争
   冷戦時代に私の祖父は亡くなりました。
8. Still ________ Wasser gründen tief. 寡黙な人は知識が多い。(ことわざ) ▶*pl.* Wasser 水
9. Geteilt ________ Freude ist doppelt ________ Freude. ▶*f.* Freude 喜び
   分けると喜びは倍になる。(ことわざ)

Übung 4 Schreiben Sie. 動詞を変化させ、並べ替えて正しい文を作りなさい。定冠詞・不定冠詞・所有代名詞は1格で、形容詞は無変化で書いてある。

1. 彼は賢い男です。klug / Mann / ein / er / sein / . ▶klug 賢い

____

2. ドイツでは、私はいつもドイツビールを飲んでいる。 deutsch は形容詞
   Deutschland / ich / immer / *n.* Bier / trinken / . / in / deutsch

____

3. 濃いコーヒーが欲しい！ ▶stark 濃い
   wollen / *m.* Kaffee / ich / ! / stark 話法の助動詞は動詞としても使用可能（発展編 L8参照）

____

単語

☐ **nett** 親切な ☐ **recht** 右の、正しい ☐ ***n.* Wetter** 天気 ☐ **pünktlich** 時間を厳守する
☐ ***f.* Seife** 石鹸 ☐ **weiß** 白い ☐ **freundlich** 友好的な ☐ ***f.* Kultur** 文化 ☐ **gelb** 黄色の
☐ ***n.* Taxi** タクシー ☐ **billig** 安い ☐ **lustig** 面白い ☐ **dick** 太い、厚い
☐ **interessant** 興味深い ☐ ***m.* Film** 映画 ☐ ***n.* Problem** 問題 ☐ **kaputt** 壊れている
☐ ***f.* Familie** 家族 ☐ **bekannt** 有名な ☐ ***f.* Stadt** 町、都市 ☐ **erscheinen** 現れる
☐ ***f.* Zeit** 時間 ☐ **kalt** 寒い、冷たい ☐ ***m.* Großvater** 祖父 ☐ **still** 静かな
☐ ***n.* Wasser** (*pl.* –) 水 ☐ **tief** 深い ☐ **klug** 賢い ☐ **stark** 濃い、強い

Lektion 13 形容詞の比較変化

	原級	比較級	最上級
美しい	schön	schöner	schönst
まじめな	fleißig	fleißiger	fleißigst
古い	alt	älter	ältest
短い	kurz	kürzer	kürzest
良い	gut	**besser**	**best**
多い	viel	**mehr**	**meist**
高い	hoch	**höher**	**höchst**
暗い	dunkel	dunkler	dunkelst
(値段が) 高い	teuer	teu(e)rer	teuerst
好んで	gern	**lieber**	**am liebsten**

形容詞の比較変化

原級 － 比較級 － 最上級
－ -er -(e)st

◎ 一音節（母音が一つ）の形容詞は母音がウムラウトする。

◎ gut, viel, hoch などは別の変化

◎ -el で終わる形容詞は比較級で語幹の母音の -e- が脱落し、-er で終わる形容詞は -e- が脱落することもある。

14

〔(genau) so ＋原級＋ wie ～「～と同じくらい…」/nicht so ＋原級＋ wie ～「～ほど…ではない」〕

Peter ist so alt wie Tobias. ペーターはトビアスと同じ年だ。

Peter ist nicht so groß wie Tobias. ペーターはトビアスほど背が高くない。

〔比較級＋ als ～「～より…」〕

Mein Vater ist 8 Jahre älter als meine Mutter. 私の父は母より８歳上です。

Das Buch ist teurer als das Heft. この本はこのノートより高い。

〔der/die/das –ste/am –sten「最も…」〕 ＊副詞は am –sten の形のみ

Der Fernsehturm ist am höchsten in Berlin. テレビ塔はベルリンで一番高い。

Er ist der fleißigste von uns. 彼は私たちの中で一番まじめだ。

Sie trinkt am liebsten Kaffee. 彼女はコーヒーを飲むのが一番好きだ。

〔付加語的用法〕原級と同様に、形容詞の格変化語尾をつける。

Deine ältere Schwester ist sehr schön. あなたのお姉ちゃんはとてもきれいだ。

Der Mount Everest ist der höchste Berg der Welt. エベレストは世界で一番高い山です。

Übung 1 Ergänzen Sie. 下線部に（ ）内の形容詞を変化させて入れなさい。

1. Tobi ist ____________ als Thomas. − Ja, Thomas ist 2 Jahre ____________ als Tobi. (jung/alt)
   トビーはトーマスより若い。－そう、トーマスはトビーより２歳年上だ。
2. Arbeitest du ____________ als 50 Stunden pro Woche? − Nein, viel ____________ . (viel/wenig)
   一週間で５０時間以上働いているの？ －いいえ、もっと少ないよ。
3. Berlin ist die ______________ Stadt der Welt. (schön)
   ベルリンは世界で一番きれいな都市だ。
4. Äpfel sind ______________ als Ananas. − Ja, aber ______________ als Orangen. (billig/teuer)
   リンゴはパイナップルより安い。－そうね、でもオレンジより高いよ。
5. Trinkst du gern Kaffee? − Ja, aber ich trinke ______________ Tee. (gern)
   コーヒーは好き？－うん、でもお茶のほうが好き。

6. Je _______________ die Wohnung ist, desto _______________ ist sie. (groß/kalt)
住まいが大きければ大きいほど寒くなる。 ▶je ＋比較級, desto ＋比較級 ～であればあるほど
7. Je _______________ , desto _______________ . (dumm/glücklich) 馬鹿な方が幸せだ。
8. Je _______________ die Straße, desto _______________ die Gegend. (schlecht/schön)
道が悪ければ悪いほど、街は美しくなる。(ことわざ)
9. Ich liebe dich _______________ und _______________ . (viel/viel)
あなたを今までよりもっと愛しています。 ▶比較級 und 比較級 ますます～、だんだん～
10. Immer _______________ Kinder lernen Mathematik. (wenig)
ますます子供は算数を学ばなくなっている。 ▶immer ＋比較級 ますます～、だんだん～

Übung 2 Ergänzen Sie. (　) 内に当てはまる語を入れなさい。

1. Der rote Rock ist (　　　　　) schön wie der schwarze.
この赤のスカートは黒のと同じくらい美しい。
2. Der Mount Everest ist (　　　　　) als Mt. Fuji. エベレストは富士山より高い。
3. Mein Haus ist (　　　　　) als deins. 私の家はあなたのより暗い。
4. Meine (　　　　　) Schwester ist sehr intelligent. 私の姉はとても賢い。
5. Ich möchte in einem großen Haus wohnen. − Echt? Dein Haus ist schon groß genug.
Ich möchte eher in einem (　　　　　) Haus wohnen.
大きい家に住みたいな。－本当？あなたの家はもう十分大きいじゃない。私はむしろもうちょっと小さい家に住みたいわ。

Übung 3 Schreiben Sie. 動詞・助動詞と形容詞を変化させ、並べ替えて正しい文にしなさい。

1. 彼は妻よりはうまく歌える。 können / . / als / singen / Frau / gut / seine / er*

____

2. アンナはクラスで一番美しい女性です。 sein / . / Frau / Anna / in der Klasse / schön / die

____

3. 僕の弟は公園で遊ぶのが好きだ。 jung / Bruder / gern / im Park / spielen / mein / .

____

4. 彼に聞くのが一番だよ。 fragen / du / am / . / ihn / gut ▶～^{4} fragen ～^{4}に尋ねる

____

＊比較対象を表す als... は、通常文末にくるもの（話法の助動詞＋不定詞の不定詞や、sein ＋形容詞の形容詞など）よりも、さらに文末に置くことが優先される。
Mein Zimmer ist dunkler als deins. 私の部屋はあなたのより暗い。

単語

□ ***m.* Berg** 山 □ ***f.* Welt** 世界 □ **jung** 若い □ **pro** ～ごとに □ ***f.* Woche** 週
□ **wenig** 少ない □ ***m.* Apfel** (*pl.* ¨) リンゴ □ **aber** しかし □ ***f.* Orange** オレンジ
□ ***m.* Tee** (紅)茶 □ **dumm** 馬鹿な □ **glücklich** 幸せな □ ***f.* Gegend** 地域、地方
□ **schlecht** 悪い □ **intelligent** 賢い □ **schon** もう、すでに □ **genug** 十分に
□ **eher** むしろ □ **singen** 歌う □ ***f.* Klasse** クラス □ ***m.* Park** 公園 □ **fragen** 尋ねる

Lektion 14 前置詞

前置詞の格支配 前置詞の後ろに続く名詞の格は、前置詞が決定する。

①2格支配：während ～の間　zwecks ～のために　laut ～によると　(an) statt ～の代わりに
wegen ～のために　trotz ～にも関わらず　mangels ～が不足している

②3格支配：aus ～から　bei ～のそばに、～の時に　mit ～と一緒に、～で　nach ～の後に
seit ～以来　von ～の、～から　zu ～に向かって

③4格支配：bis ～まで　durch ～を通り抜けて　für ～のために　wider ～に反して
gegen ～に対して（～に向かって）　ohne ～なしに　um ～の周りを

④3・4格支配：場所や位置を表す時は3格、移動の方向を表すときは4格支配
an ～の際（きわ）に　auf ～の上に　hinter ～の後ろに　in ～の中に　neben ～の横に
über ～の上方に　unter ～の下に　vor ～の前に　zwischen ～の間に

15

前置詞と定冠詞の融合形 am (an+dem), ans (an+das), im (in+dem), ins (in+das), beim (bei+dem), zum (zu+dem), zur (zu+der), vom (von+dem) など

Nina bleibt im Sommer in einem Hotel am See.　ニーナは夏に湖畔のホテルに滞在する。

Nina möchte im Sommer an den See fahren.　ニーナは夏に湖へ行きたがっている。

Wo bist du? − Ich bin gerade in einer Bäckerei.　どこ？ − 今ちょうどパン屋にいる。

〔動詞・形容詞との組み合わせ〕

Er wartet schon lange auf sie.　彼はもう長い間彼女を待っている。

Danke für die Einladung.　ご招待ありがとう。

Ich denke immer an dich.　いつもあなたのことを考えているよ。

Frau Müller ist stolz auf ihren Sohn.　ミュラーさんは彼女の息子を誇りにしている。

Übung 1 Ergänzen Sie. 下線部に適切な語尾を入れなさい。

1. Viele Hunde sitzen um d ________ Mann herum.　▶um...herum ～の周りに
   たくさんの犬がその男の周りに座っている。
2. Seit ein ________ Jahr lerne ich Deutsch.　私はドイツ語を1年間習っている。
3. Wohnst du immer noch bei dein ________ Eltern?　▶immer noch 未だに、依然として
   未だに両親のところに住んでいるの？
4. Ich fahre mit d ________ Zug nach Österreich.　電車でオーストリアまで行きます。
5. Nach d ________ Sommerferien komme ich wieder nach Japan zurück.
   夏休みの後に再び日本に戻ります。
6. Ein Auto fährt gegen ein ________ Ampel.　車が信号に向かって走る。　▶*f.* Ampel 信号
7. Ich danke dir für d ________ Hilfe.　助けてくれてありがとう。　▶*f.* Hilfe 助け
8. Während d ________ Sommerferien lerne ich Deutsch.　夏休みの間に、私はドイツ語を勉強する。

Übung 2 Ergänzen Sie. （　）内に適切な前置詞と定冠詞、または前置詞と定冠詞の融合形を入れなさい。

1. (　　　　　) der Arbeit gehe ich ins Kino.　仕事の後に映画館に行きます。　▶*f.* Arbeit 仕事
2. (　　　　　) Essen soll man nicht fernsehen.　▶*n.* Essen 食事　fernsehen テレビを見る
   食事の時はテレビを見るべきじゃない。
3. Ich tue alles (　　　　　) meine Frau.　私は妻のために何でもします。
4. Ich bin (　　　　　) das Rauchen.　私は喫煙には反対です。
5. Wo wohnen Sie?　— (　　　　　) (　　　　　) Türkei.　▶*f.* Türkei トルコ
   どこに住んでいますか？—トルコです。
6. Wo bist du?　— (　　　　　) (　　　　　) Küste.　▶*f.* Küste 海岸
   今どこ？ — 海岸だよ。
7. Wo ist die Katze?　— (　　　　　) (　　　　　) Schränken.
   猫はどこ？ — 棚の間だよ。　▶*m.* Schrank (*pl.* ¨-e) 戸棚、たんす
8. Wo ist die Kirche?　— (　　　　　) (　　　　　) Reisebüro.
   教会はどこ？ — 旅行代理店の横だよ。　▶*n.* Reisebüro 旅行代理店　*f.* Kirche 教会
9. Wohin gehst du?　— Ich gehe (　　　　　) (　　　　　) Schweiz.
   どこに行くの？　— スイスに行くの。
10. Wohin soll ich den Teller legen?　— (　　　　　) (　　　　　) Tisch.　▶*m.* Tisch 机
    どこにお皿をおけばいい？ — 机の上だよ。
11. Wohin gehen wir?　— (　　　　　) Meer.　▶*n.* Meer 海
    どこに行くの？ － 海だよ。

Übung 3 Schreiben Sie. 動詞を変化させ、並べ替えて正しい文にしなさい。必要な場合は、冠詞類を変化させなさい。

1. どこで肉を買うの？－スーパーで。　kaufen / wo / Fleisch / ? / du － Supermarkt / im / .

   ____

2. 私は来月日本へ行きます。　Japan / ich / nächsten Monat / nach / fahren / .

   ____

3. 私たちは森を通って湖に行きます。　der Wald / der See / wir / an / gehen / durch / .

   ____

4. 猫はソファの下で眠っている。　schlafen / . / das Sofa / die Katze / unter

   ____

単語

□ **bleiben** 滞在する、とどまる　□ ***m.* See** 湖　□ **gerade** ちょうど　□ ***f.* Bäckerei** パン屋
□ **für ～^{4} danken** ～のことに感謝している　□ ***f.* Einladung** 招待
□ **an ～^{4} denken** ～を考えている　□ **auf ～^{4} stolz sein** ～を誇りに思う　□ ***m.* Sohn** 息子
□ ***f.* Ampel** 信号　□ ***n.* Kino** 映画館　□ ***f.* Küste** 岸辺　□ ***m.* Schrank** (***pl.*** ¨-e) 戸棚、たんす
□ ***n.* Reisebüro** 旅行代理店　□ ***f.* Kirche** 教会　□ **legen** (横にして) 置く　□ ***m.* Tisch** 机
□ ***n.* Meer** 海　□ ***m.* Supermarkt** スーパー　□ ***m.* Wald** 森　□ ***n.* Sofa** ソファ

Lektion 15 数詞

16

基数 1は「1人の～、1個の～」では不定冠詞を使用

0	null	10	zehn	20	zwanzig	30	dreißig
1	eins	11	elf	21	einundzwanzig	40	vierzig
2	zwei	12	zwölf	22	zweiundzwanzig	50	fünfzig
3	drei	13	dreizehn	23	dreiundzwanzig	60	sechzig
4	vier	14	vierzehn	24	vierundzwanzig	70	siebzig
5	fünf	15	fünfzehn	25	fünfundzwanzig	80	achtzig
6	sechs	16	sechzehn	26	sechsundzwanzig	90	neunzig
7	sieben	17	siebzehn	27	siebenundzwanzig	100	hundert
8	acht	18	achtzehn	28	achtundzwanzig	1000	tausend
9	neun	19	neunzehn	29	neunundzwanzig	1,000,000	eine Million

序数 1～19は基数＋ -t、20～は基数＋ -st をつけ、形容詞の語尾変化

1.	erst-	6.	sechst-	11.	elft-	100.	hundertst-
2.	zweit-	7.	siebt-	12.	zwölft-	101.	hunderterst-
3.	dritt-	8.	acht-	13.	dreizehnt-	1,000.	tausendst-
4.	viert-	9.	neunt-	20.	zwanzigst-		
5.	fünft-	10.	zehnt-	31.	einunddreißigst-		

日本の2階はドイツでは1階

der erste Tag 初日　der fünfte Januar 1月5日　im dritten Stock 4階で

1598年 fünfzehnhundertachtundneunzig　2012年 zweitausendzwölf

2 € zwei Euro　15,98 € fünfzehn Euro achtundneunzig　0,54 € vierundfünfzig Cent

2,4 zwei Komma vier　1 1/2 eineinhalb, anderthalb　8/13 acht dreizehntel

時間を表す場合 Uhr：～時

8.00 acht Uhr　8.05 fünf nach acht (acht Uhr fünf)　8.30 halb neun (acht Uhr dreißig)

8.15 Viertel nach acht (acht Uhr fünfzehn)　8.50 zehn vor neun (acht Uhr fünfzig)

時刻は公式には24時間制、話しことばでは12時間制を用いる

Übung 1 Schreiben Sie. 次のドイツ語を数字で書きなさい。

1. dreiundsiebzig ________________
2. hundertfünfundsechzig ________________
3. zwanzigtausendneunhundertvierzehn ________________
4. sechzehn ________________
5. siebenunddreißig ________________

Übung 2 Schreiben Sie. 次の数字をドイツ語で書きなさい。

1. 1,998 ________________________
2. 11 ________________________
3. 39,875 ________________________
4. 13 ________________________
5. 0 ________________________

Übung 3 Lösen Sie die Rechnenaufgaben. 次の計算をしなさい。

＋（plus） —（minus） ×（mal） ÷（geteilt durch） ＝（ist）

1. dreizehn plus vierundachtzig ist... ______________
2. fünfhundertvierundzwanzig minus vierhundertzwei ist... ______________
3. vier mal dreizehn ist... ______________
4. zweihundertzehn geteilt durch drei ist... ______________
5. （vier plus zehn）mal fünf ist... ______________

Übung 4 Schreiben Sie. 次の時間を2通りのドイツ語で書きなさい。

	公式（24時間制）	話し言葉（12時間制）
1. 14.00 Uhr		
2. 8.45 Uhr		
3. 4.35 Uhr		
4. 7.20 Uhr		
5. 6.30 Uhr		
6. 21.45 Uhr		
7. 15.30 Uhr		
8. 1.05 Uhr		

Übung 5 Schreiben Sie. 動詞を変化させ、並べ替えて正しい文にしなさい。数字は正しいドイツ語に直しなさい。

序数にはピリオドをつける

1. 今日は7月31日だ。 sein / . / heute / Juli / der / 31.

____

2. 2月19日から3月3日までそのレストランは閉まっています。 ▶geschlossen sein 閉まっている
Februar / vom 19. / das Restaurant / sein / März / geschlossen / . / bis (zum) 3.

____

3. 私は12月25日に生まれました。 ▶geboren sein 生まれた
sein / am / . / Dezember / ich / 25. / geboren

____

4. ザンダーは18：30に駅前で彼の姪に会います。
treffen / . / dem Bahnhof / um / vor / seine Nichte / 18.30 Uhr / Xander

____

単語

☐ **Januar** 1月　☐ ***m.* Stock** 階　☐ **halb** 半分の　☐ **Viertel** 4分の1　☐ **Juli** 7月
☐ **Februar** 2月　☐ ***n.* Restaurant** レストラン　☐ **März** 3月　☐ **geschlossen sein** 閉まっている
☐ **Dezember** 12月　☐ **geboren sein** 生まれた　☐ ***m.* Bahnhof** 駅　☐ ***f.* Nichte** 姪

Lektion 16 接続詞

17

並列の接続詞 文成分に含まれず、後続の語順に影響を及ぼさない。

und「〜と」 oder「〜か…」 aber「しかし」 denn「なぜなら〜」「…というのは〜」
sondern「(…ではなく) 〜」

Ich lerne Deutsch und Englisch. 私はドイツ語と英語を学んでいる。

Ich möchte nicht arbeiten, aber ich brauche Geld. 働きたくないけれどお金が必要です。

Möchten Sie Kaffee oder Tee? コーヒーと紅茶どちらが欲しいですか？

従属の接続詞 副文を導き、副文内の動詞は後置される。

wenn「〜時、もし〜なら」 als「〜時 (過去1回きり)」 weil「なぜなら〜」 dass「〜こと」
ob「〜かどうか」 obwohl「〜にも関わらず」 während「〜の間」 bis「〜まで」
bevor「〜する前に」 nachdem「〜した後で」

Er kauft einen Porsche, obwohl er nicht reich ist. 彼はお金持ちでもないのにポルシェを買う。

Er lernt fleißig Deutsch, weil er nach Deutschland fliegen möchte.
彼はドイツに行きたいのでドイツ語をまじめに勉強する。

Wenn das Wetter schön ist,《第一位》 gehe《第二位》 ich spazieren. 天気が良ければ、散歩に行くよ。

＊副文が前に来る場合、その副文が文全体の第一成分となり、主文の定動詞は第二位に置く。

接続詞的副詞 接続詞的な意味を持つ副詞で、一つの文成分として働く。

deswegen「だから〜」 deshalb「だから〜」 trotzdem「〜にも関わらず」

Er isst wenig, deswegen《第一位》 ist《第二位》 er schlank. 彼は少ししか食べないので細い。

＊後続文の第一成分となるので、接続詞的副詞の後は動詞→主語という語順になる。

Er isst wenig, trotzdem ist er dick. 彼は少ししか食べないにもかかわらず太っている。

Übung 1 Ergänzen Sie. 次の下線部に適切な接続詞または副詞を埋めなさい。

1. Fährst du nach Kyoto, ________________ bleibst du zu Hause?
   京都に行きますか、それとも家にいますか？
2. Ich weiß nicht, ________________ er heute kommt. 彼が今日来るかわかりません。
3. Ich lerne Deutsch ________________ du lernst Chinesisch.
   私はドイツ語を学んで、あなたは中国語を学ぶ。
4. Komm, ________________ du Zeit hast! 時間があれば来て！
5. ________________ sie zu Hause ist, ist er im Kino. 彼女が家にいる間、彼は映画館にいる。
6. Heute kommt sie nicht, ________________ sie ist krank. 今日は、彼女は病気なので来ない。
7. Warten Sie bitte, ________________ meine Eltern kommen.
   私の両親が来るまで待ってください。
8. Sie ist schön, ________________ sie ist sehr faul. 彼女はきれいだけど、とても怠惰です。
9. Der CD-Player ist kaputt, ________________ kann ich keine Musik hören.
   CD プレーヤーが壊れているので音楽が聴けない。

10. Maria sagt, ____________ sie heute nicht kommen kann, ____________ ihre Eltern Grippe haben.
マリアは今日、両親がインフルエンザにかかっているので来られないと言っている。
11. Es regnet, ______________ spielt er Fußball.
雨が降っているにも関わらず彼はサッカーをしている。
12. Wir müssen alles aufräumen, ______________ unsere Chefin kommt!
チーフが来る前に片づけないと！
13. Weißt du, ______________ er heiratet?　彼が結婚するって知ってる？

Übung 2 Schreiben Sie. （　）内の接続詞を用いて、一つの文にしなさい。

1. Ich lerne Deutsch. / Ich möchte in Deutschland studieren. (weil)
ドイツで勉強をしたいのでドイツ語を学んでいます。
____
2. Heute ist schönes Wetter. / Meine Tochter bleibt zu Hause. (aber)
今日はいい天気なのに、娘は家にいる。
____
3. Sie möchte einen neuen Roman. / Sie geht in die Buchhandlung. (deswegen)
彼女は新しい小説が欲しいので本屋に行く。
____

Übung 3 Schreiben Sie. 並べ替えて正しい文にしなさい。

1. 私はオーストリアか、スイス（のどちら）かに行きます。
fahre / oder / die / nach / ich / in / Schweiz / Österreich / .
____
2. 私は彼女が試験に落ちることを確信しています。　▶durchfallen 落第する　*f.* Prüfung 試験
sicher / dass / durchfällt / durch / , / sie / ich / die / . / bin / Prüfung
____
3. トーマスはアンナを愛しているにもかかわらず、愛していないと言う。
liebt / liebt / , / Thomas / Anna / . / nicht / dass / sagt / er / er / , / sie / obwohl
____
4. 彼女は新しい小説が欲しいので本屋に行く。
sie / weil / Buchhandlung / die / einen / geht / sie / , / neuen / Roman / möchte / in / .
____

単語

☐ **brauchen** 必要とする　☐ **reich** 金持ちな　☐ **schlank** スマートな　☐ **zu Hause** 家で
☐ **Chinesisch** 中国語　☐ **bitte** ～ください　☐ ***f.* Grippe** インフルエンザ
☐ **regnen** 雨が降る（主語 es）　☐ **aufräumen** 片づける　☐ ***m.* / *f.* Chef/-in** 上司
☐ **heiraten** 結婚する　☐ ***f.* Tochter** 娘　☐ ***m.* Roman** 小説　☐ ***f.* Buchhandlung** 本屋
☐ **sicher** 安全な、確かな　☐ **durchfallen** 落第する　☐ ***f.* Prüfung** 試験

Lektion 17 動詞の三基本形と過去変化

動詞の三基本形

	意味	不定詞	過去基本形	過去分詞
規則動詞（弱変化動詞）	（立てて）置く	stellen	stellte	gestellt
-en -te ge-t	座らせる	setzen	setzte	gesetzt
語幹が -t, -d で終わる動詞	笑う	lachen	lachte	gelacht
-en -ete ge-et	答える	antworten	antwortete	geantwortet
不規則動詞（強変化動詞）	運ぶ、着ている	tragen	trug	getragen
-en − ge-en	話す	sprechen	sprach	gesprochen
＋幹母音変化	行く	gehen	ging	gegangen
（しない場合もある）	来る	kommen	kam	gekommen
混合動詞	考える、思う	denken	dachte	gedacht
-en -te ge-t	持ってくる	bringen	brachte	gebracht
＋幹母音変化	知っている	wissen	wusste	gewusst
	知っている	kennen	kannte	gekannt

過去人称変化

sprechen「話す」（過去基本形：sprach）			
ich	sprach	wir	sprachen
du	sprachst	ihr	spracht
er/sie/es	sprach	sie/Sie	sprachen

1人称・3人称単数では人称語尾がない

重要動詞の三基本形

不定詞	過去基本形	過去分詞
sein	war	gewesen
haben	hatte	gehabt
werden	wurde	geworden/worden

worden は受動の助動詞で使用（L24参照）

18

Ich lernte Spanisch. / Ich habe Spanisch gelernt.　私はスペイン語を学んだ。

Gingst du zum Rathaus? / Bist du zum Rathaus gegangen?　君は市役所に行ったの？

Er dachte an sie. / Er hat an sie gedacht.　彼は彼女のことを考えていた。

＊ haben/sein ＋過去分詞（文末）で、現在完了形となる。（L20 参照）

Übung 1 Ergänzen Sie.　次の表を埋めなさい。

意味	不定詞	過去基本形	過去分詞
		spielte	
料理する			gekocht
話す、語る	reden		
生きる、暮らす		lebte	
			gemacht
		schlief	
		wurde	geworden

Übung 2 Ergänzen Sie. 次の動詞の過去基本形、過去分詞を右から選んで入れなさい。

	過去基本形	過去分詞
bieten「提供する」		
trinken「飲む」		
sehen「見る」		
stehen「立っている」		
geben「与える（手渡す）」		
helfen「助ける」		
schwimmen「泳ぐ」		
essen「食べる」		
nehmen「取る」		

gesehen	schwamm
half	stand
gegessen	bot
geschwommen	
genommen	aß
getrunken	gegeben
nahm	sah
gestanden	trank
gab	geboten
geholfen	

Übung 3 Schreiben Sie. 次の文を過去形に直しなさい。*

1. Am Dienstag will ich meinen Neffen in Tokyo besuchen.
火曜日に私は、東京の甥を訪ねるつもりだ。→…つもりだった。

2. Müsst ihr am Abend nach Hause gehen?
君たちは夕方家に帰らねばならないの？→…ならなかったの？

3. Kennst du ihre Adresse? 君は彼女の住所を知っている？→…知っていたの？

4. Noch eine Stunde muss ich warten.
私はあと1時間待たなければならない。→…ならなかった。

5. Sie können sehr gut Ski fahren. 彼らはスキーがとてもうまい。→…うまかった。

6. Seid ihr heute zu Hause? 君たちは今日家にいるの？→君たちは昨日（gestern）家にいたの？

* 過去形の用法：通常、ドイツ語では過去のことについて、話しことばでは現在完了を主に使用する。過去形は、特に書きことばにおいて好んで用いられるが、sein, haben, 話法の助動詞については、話しことばでもよく過去形が用いられる。
【話法の助動詞の三基本形】：können – konnte – gekonnt/können müssen – musste – gemusst/müssen wollen – wollte – gewollt/wollen sollen – sollte – gesollt/sollen dürfen – durfte – gedurft/dürfen
なお、過去分詞 ge-t は本動詞として使用する際に用いる。（発展編 L8参照）

単語

☐ **Spanisch** スペイン語 ☐ ***n.* Rathaus** 市役所 ☐ **reden** 語る ☐ **leben** 生きる、暮らす
☐ **bieten** 提供する ☐ **stehen** 立っている
☐ **nehmen** 取る（現在形 **du nimmst, er/sie/es nimmt**）
☐ ***m.* Dienstag** 火曜 ☐ ***m.* Neffe** 甥 ☐ **gestern** 昨日

Lektion 18 再帰代名詞と再帰動詞

再帰代名詞 主語と同一のものを指す代名詞

	ich	du	er/sie/es	wir	ihr	sie/Sie
3格	mir	dir	sich	uns	euch	sich
4格	mich	dich	sich	uns	euch	sich

* 3人称単数・複数と2人称 Sie は、3・4格共に sich。その他は人称代名詞と同じ。

再帰動詞 再帰代名詞を伴う動詞

19

〔4格と〕

Er wäscht sich. / Er wäscht ihn. 彼は自分を洗う。／彼は（誰か別の）人の体を洗う。

Ich habe mich über deinen Brief gefreut. お手紙がすごくうれしかったよ。

Die Kinder freuen sich auf die Sommerferien. 子供たちは夏休みを楽しみにしている。

Sie muss sich um die Kinder kümmern. 彼女は子供たちの面倒をみなければならない。

Kommt er heute nicht? Ich habe mich geirrt... 今日彼は来ないの？勘違いしていた…。

Sie ärgert sich darüber. 彼女はそのことに怒っている。

Ich habe mich mit ihm auf der Post getroffen. 私は彼に郵便局で会った。

〔3格と〕

Ich wasche mir die Hände. 私は手を洗う。 **身体部分はその対象となる人を3格で表す**

Kannst du dir so etwas vorstellen? そんなこと想像できる？

〔相互代名詞として〕主語は複数

Sie lieben sich. 彼らは愛し合っている。

Die Leute müssen sich helfen. 人々は助け合わねばならない。

Übung 1 Schreiben Sie. 次の再帰動詞を、全ての主語を使って文にしなさい。

1. ベンチに（auf die Bank）座る （sich[4] setzen）

Ich ______________________________

Du ______________________________

Er/Sie/Es ______________________________

Wir ______________________________

Ihr ______________________________

Sie ______________________________

2. 毎日運動する （sich[4] bewegen）

Ich ______________________________

Du ______________________________

Er/Sie/Es ______________________________

Wir ______________________________

Ihr ______________________________

Sie ______________________________

3. 髪の毛を（die Haare）洗う　(sich³ waschen)

Ich ______________________________

Du ______________________________

Er/Sie/Es ______________________________

Wir ______________________________

Ihr ______________________________

Sie ______________________________

Übung 2 **Schreiben Sie.**　(　) 内の動詞と再帰代名詞を変形させて文にしなさい。
また、〔　〕内の主語を使って、決定疑問文にしなさい。

1. Ich (sich bemühen) um die Stellung.　私はその職を得ようと努力します。

____

疑問文〔du〕: ______________________________

2. Wir (sich treffen) heute um 12 Uhr am Bahnhof.　私たちは今日12時に駅で会います。

____

疑問文〔ihr〕: ______________________________

3. Ich (sich erinnern) manchmal an meine Oma.　私は時々祖母のことを思い出す。

____

疑問文〔Sie〕: ______________________________

4. Wir (sich interessieren) für Musik.　私たちは音楽に興味があります。

____

疑問文〔ihr〕: ______________________________

Übung 3 **Schreiben Sie.**　動詞・助動詞と再帰代名詞を変形させ、並べ替えて正しい文にしなさい。

1. 自分が恥ずかしいわ…　schämen / ... / ich / sich　▶sich schämen 恥じる

____

2. ヘンドリックとニーナは木の下に座る。　▶*m.* Baum 木
setzen / Hendrik / sich / unter / Nina / Baum / und / den / .

____

3. 彼が早く元気になるといいなあ。　▶sich erholen（病気などから）回復する
er / sich / . / hoffentlich / bald / erholen / gut

____

単語

☐ **waschen** 洗う　☐ ***m.* Brief** 手紙　☐ **sich freuen + über ~⁴** ～を喜ぶ
☐ **sich freuen + auf ~⁴** ～を楽しみにしている　☐ **sich kümmern + um ~⁴** ～の面倒をみる
☐ **sich irren** 思い違いをする　☐ **sich ärgern** 腹を立てる　☐ ***f.* Post** 郵便局
☐ **sich³ vorstellen** 想像する　☐ ***f.* Bank** ベンチ　☐ **sich bewegen** 動く、運動する
☐ ***n.* Haar** (*pl.* -e) 髪　☐ **sich bemühen + um ~⁴** ～を得ようと努力する
☐ **sich erinnern + an ~⁴** ～を思い出す、覚えている　☐ **manchmal** 時々　☐ ***f.* Oma** 祖母
☐ **sich interessieren + für ~⁴** ～に興味を持つ　☐ ***m.* Baum** 木　☐ **hoffentlich** 願わくは

Lektion 19 分離動詞と非分離動詞

20

分離動詞 分離前綴り＋基礎動詞。分離前綴りは文末に置く。

〔分離前綴り〕 an-, aus-, ab-, auf-, bei-, ein-, mit-, vor-, nach-, zusammen-, zurück-, fern- など

auf|stehen 起きる Ich stehe um 6 Uhr auf. 私は6時に起きます。

ab|fahren 出発する Der Zug fährt um 10 Uhr ab. 電車は10時に出発します。

Ich mache das Licht aus. 私は電気を消す。（現在形）

Ich machte das Licht aus. 私は電気を消した。（過去形）

Ich habe das Licht ausgemacht. 私は電気を消した。（完了形）

Ich muss das Licht ausmachen. 私は電気を消さなければならない。（助動詞と）

分離動詞の過去分詞は ge が前綴りと基礎動詞の間に入る

非分離動詞 非分離前綴り＋基礎動詞。非分離動詞は分離しない。

〔非分離前綴り〕 be-, ge-, er-, ver-, zer-, emp-, ent-, miss-

Ich verstehe nicht, was er mir gesagt hat. 彼の言ったことが理解できない。

Sie vermietet eine Wohnung. 彼女は住居を賃貸している。

Ich habe den Zug verpasst. 私は電車に乗り損ねた。

Ich erzähle den Kindern ein Märchen. 子供たちに童話を話す。（現在形）

Ich erzählte den Kindern ein Märchen. 子供たちに童話を話した。（過去形）

Ich habe den Kindern ein Märchen erzählt. 子供たちに童話を話した。（完了形）

非分離動詞の過去分詞は ge- がつかない

Übung 1 Ergänzen Sie. 下線部に（ ）内の動詞を変形させて入れなさい。

1. Der Unterricht ____________ um 10 Uhr ____________ .（anfangen） 授業は10時に始まります。
2. Wann ________________ die Party?（beginnen） パーティーは何時に始まるの？
3. Ich ____________ dich herzlich zur Party ____________ .（einladen） パーティーに招待するよ。
4. Am Samstag ________ er um 10 Uhr ________ und ________ ________ .（aufstehen/fernsehen）
   彼は土曜は10時に起きて、テレビを見る。
5. Wo muss ich ________________ ?（umsteigen） どこで乗り換えなければいけない？
6. Er ________________ mir die Ehe.（versprechen） 彼は私に結婚を約束する。
7. Kannst du __________ und die Sachen __________ ?（vorbeikommen/abholen）
   ちょっと寄って荷物を取りに来てくれる？

Übung 2 Schreiben Sie um. 完了形の文を現在形に直しなさい。

1. Ich habe alles versucht. 私は全てを試しました。

   ____

2. Er hat das Gepäck mitgenommen. 彼はこの荷物を持っていった。

   ____

3. Die Soldaten haben die Stadt völlig zerstört.　兵士が街を完全に破壊した。

4. Hast du gestern eingekauft?　昨日買い物をしたの？（「昨日」は「今日」に変えて）

5. Er hat mir gut zugehört.　彼は私の言ったことをよく聞いていた。

Übung 3　Ordnen Sie zu.　以下の動詞を分離動詞と非分離動詞に分けなさい。

vergrößern 拡大する　feststellen 確認する　verkleinern 縮小する　einsteigen 乗り込む
anbieten 提供する　erreichen 到達する　verlieren 失う　vorstellen 紹介する
ausfüllen 埋める　beenden 終える　misslingen 失敗する　vergessen 忘れる

分離動詞：

非分離動詞：

Übung 4　Schreiben Sie.　動詞・助動詞を変形させ、並べ替えて正しい文にしなさい。

1. いつ帰ってくるの？　zurückkommen / wann / du / ?

2. 兄はきっと君と知り合いになりたいと思うよ。　▶kennen|lernen 知り合いになる　bestimmt きっと
   Bruder / kennenlernen / dich / möchten / mein / bestimmt / .

3. その車は彼の父親のものだ。　Auto / gehören / seinem / das / . / Vater

4. 彼は会議に参加します。　▶*f.* Konferenz 会議　an ~³ teil|nehmen ～³に参加する
   einer / Konferenz / . / er / teilnehmen / an

5. コーヒーを一杯いただきます。　einen / bekommen / . / ich / Kaffee　▶bekommen もらう

単語

□ **auf|stehen** 起きる　□ **ab|fahren** 出発する　□ **aus|machen** 消す　□ **verstehen** 理解する
□ **vermieten** 賃貸しする　□ **verpassen** 逃す　□ **erzählen** 語る　□ ***n.* Märchen** 童話
□ ***m.* Unterricht** 授業　□ **an|fangen** 始まる　□ ***f.* Party** パーティー　□ **herzlich** 心から
□ **ein|laden** 招待する　□ **um|steigen** 乗り換える　□ ***f.* Ehe** 結婚　□ **versprechen** 約束する
□ **vorbei|kommen** 立ち寄る、通りかかる　□ **ab|holen** 迎えに行く、取りに行く
□ **versuchen** 試す　□ ***n.* Gepäck** 荷物　□ **mit|nehmen** 持っていく　□ **völlig** 完全に
□ **zerstören** 破壊する　□ **zu|hören**（関心を持って）聞く　□ **kennen|lernen** 知り合いになる
□ **bestimmt** きっと　□ ***f.* Konferenz** 会議　□ **teil|nehmen** 参加する　□ **bekommen** もらう

Lektion 20 完了形

21

現在完了形　haben または sein ＋過去分詞（文末）

Ich habe eine Zeitung gelesen.　私は新聞を読みました。

Wann bist du nach Deutschland gefahren?　君はいつドイツに行ったのですか？

〔sein を用いて完了時制を作る自動詞〕　**他動詞はすべて haben を用いる**

①移動を表す自動詞：gehen「行く」kommen「来る」fahren「乗り物で行く」など

②状態の変化を表す自動詞：werden「なる」wachsen「成長する」sterben「死ぬ」
passieren「起こる」aufstehen「起きる」など

③その他：sein「～である」bleiben「とどまる」など

現在完了の用法

①完了したばかりの行為・出来事

Ich habe gerade meinen Freund getroffen.　私はちょうど友達に会ったところだ。

②過去の出来事

Sie ist gestern mit ihren Kollegen ins Theater gegangen.　彼女は昨日、同僚と劇を観に行った。

③経験

Bist du einmal in Deutschland gewesen?　君はドイツに行ったことがある？

④すでに完了している行為や出来事の結果

Wissen Sie, dass Herr Schmidt ein neues Auto gekauft hat?
シュミットさんが新しい車を買ったことを知っていますか？

過去完了形　過去のある時点ですでに完了している出来事を表す。

Mein Mann hatte schon zu Abend gegessen, als ich nach Hause kam.
夫は、私が家に帰ったときには、すでに夕食を食べてしまっていた。

〔話法の助動詞と完了形〕　**話法の助動詞の完了形と過去の推量、違いに注意**

Er hat nach Hause gehen müssen.　彼は家に帰らねばならなかった。

Er muss krank gewesen sein.　彼は病気だったに違いない。

Übung 1　Ergänzen Sie.　表の空欄を埋め、完了の助動詞がどちらになるか書きなさい。

動詞	過去分詞	意味	sein/haben
aufstehen			
bleiben			
fahren			
gehen			
sehen			
sich setzen			
treffen			

Übung 2 Ergänzen Sie. （　）に haben か sein を変化させて入れ、さらに［　］内の動詞を過去分詞に変え下線部に入れなさい。

1. Mein Kollege (　　　　　) in freier Natur eine Flasche Bier ＿＿＿＿＿＿＿ . [trinken]
   私の同僚は屋外でビールを一瓶飲んだ。
2. Sie (　　　　　) noch im Krankenhaus ＿＿＿＿＿＿＿ . [bleiben]
   彼女はまだ病院に残っていた。
3. Wir (　　　　　) letzte Woche einen Ausflug ＿＿＿＿＿＿＿ . [machen]
   私たちは先週、遠足に行った。
4. Der rote Rock (　　　　　) dir ＿＿＿＿＿＿＿ . [stehen]　▶~3 stehen ～に似合う
   赤いスカートは君に似合っていた。
5. Er (　　　　　) heute früh ＿＿＿＿＿＿＿ . [aufstehen]　彼は今日、早起きした。
6. (　　　　　) Sie schon den Film ＿＿＿＿＿＿＿ ? [sehen]　映画はもう見ましたか？
7. Letzte Woche (　　　　　) er Schnee ＿＿＿＿＿＿＿ . [fotografieren]
   先週、彼は雪の写真を撮った。　　**8～10は過去完了であることに注意**
8. Nachdem wir ins Restaurant in der Mitte der Stadt ＿＿＿＿＿＿＿ [gehen] (　　　　　),
   (　　　　　) wir einen Salat mit Kartoffeln ＿＿＿＿＿＿＿ . [essen]
   私は町の中心のレストランに行った後、じゃがいものサラダを食べた。
9. Bevor ich hierher gekommen (　　　　　), (　　　　　) ich Wäsche ＿＿＿＿＿＿ . [waschen]
   私はここに来る前に、洗濯物を洗った。
10. Mein Bruder (　　　　　) schon nach Bonn ＿＿＿＿＿＿＿ [kommen], als er Arzt wurde.
   私の弟は医者になった時、すでにボンに来ていた。

Übung 3 Schreiben Sie. 動詞･助動詞を変化させ、並べ替えて正しい文を作りなさい。m./f./n. 表記がある名詞は、定冠詞または不定冠詞を付けて変化させなさい。

1. 私は彼女に誕生日プレゼントを準備した。　▶vor|bereiten 準備する*　*n.* Geschenk プレゼント
   ihr / . / vorbereiten / *n.* Geburtstagsgeschenk / ich / haben
   ＿＿＿＿＿＿＿＿＿＿＿＿＿＿＿＿＿＿＿＿＿＿＿＿＿＿＿＿＿＿
2. 君たちは車で橋を渡った。 *n.* Auto / fahren / über / *f.* Brücke / . / sein / mit / ihr　▶*f.* Brücke 橋
   ＿＿＿＿＿＿＿＿＿＿＿＿＿＿＿＿＿＿＿＿＿＿＿＿＿＿＿＿＿＿
3. 彼は鉄道で行ったに違いない。 müssen / *f.* Bahn / fahren / . / sein / mit / er　▶*f.* Bahn 鉄道
   ＿＿＿＿＿＿＿＿＿＿＿＿＿＿＿＿＿＿＿＿＿＿＿＿＿＿＿＿＿＿
4. 彼女はそれをしなければならなかった。 müssen / . / sie / es / haben / machen
   ＿＿＿＿＿＿＿＿＿＿＿＿＿＿＿＿＿＿＿＿＿＿＿＿＿＿＿＿＿＿

* **vorbereiten**「準備する」: 分離動詞だが、過去分詞は vorbereitet（-ge- が入らない）となる。

単語

☐ **wachsen** 成長する　☐ **passieren** 起こる　☐ ***m.* / *f.* Kollege/Kollegin** 同僚
☐ ***n.* Theater** 劇場　☐ **einmal** 一度、かつて　☐ **frei** 自由な　☐ ***f.* Natur** 自然
☐ ***f.* Flasche** 瓶　☐ ***n.* Krankenhaus** 病院　☐ ***m.* Ausflug** 遠足、小旅行
☐ **früh**（時間的に）早い　☐ ***m.* Schnee** 雪　☐ ***f.* Mitte** 真ん中　☐ ***m.* Salat** サラダ
☐ ***f.* Kartoffel** ジャガイモ　☐ ***f.* Wäsche** 洗濯物　☐ **vor|bereiten** 準備する
☐ ***n.* Geschenk** プレゼント　☐ ***f.* Brücke** 橋　☐ ***f.* Bahn** 鉄道

Lektion 21 関係文

定関係代名詞				
	男性	女性	中性	複数
1格	der	die	das	die
2格	dessen	deren	dessen	deren
3格	dem	der	dem	denen
4格	den	die	das	die

不定関係代名詞	
（～する）人	（～する）こと、もの
wer	was
wessen	——
wem	——
wen	was

22

定関係代名詞　性と数は先行詞に一致し、格は関係文中の役割で決まる。

Der Mann, der dort eine Skizze zeichnet, ist Kunstlehrer.（先行詞＝男性・単数）
あそこでスケッチを描いている男（1格）は美術教師です。

関係文＝副文⇒動詞後置

Ich kenne ein Mädchen, dessen Vater Arzt ist.（先行詞＝中性・単数）
私は、父が医者の女の子（2格）を知っている。

Die Frau, mit der ich ins Museum gegangen bin, wohnt im dritten Stock.（先行詞＝女性・単数）
私が博物館に一緒に行った女性（3格）は、４階に住んでいます。

Kennst du den Mann, den ich im Zimmer gesehen habe?（先行詞＝男性・単数）
君は私が部屋で見た男（4格）を知っている？

前置詞＋関係代名詞
⇒前置詞も一緒に
関係文の先頭へ

Kennst du die Männer, die ich im Zimmer gesehen habe?（先行詞＝複数）
君は私が部屋で見た男の人たち（4格）を知っている？

不定関係代名詞　関係文全体が「～する人・もの」という名詞の役割をもつ。

Wer zuletzt lacht, (der) lacht am besten.　最後に笑う者が、一番よく笑う。（ことわざ）
＊主文内の格は指示代名詞で表すが、wer-der の場合、通常指示代名詞 der は省略。

Wem ich das gesagt habe, der hat darüber kein Wort verloren.
私がそのことを言った人は、もう何も話さなかった。

Wen ich nicht mag, den begrüße ich nicht.　私は好きでない人には挨拶しない。

Was er gesagt hat, ist falsch.　彼が言ったことは間違っている。

Hier gibt es nichts, was mir gefällt.　ここには私が気に入るものがない。
＊不定代名詞（alles,etwas,nichts 等）や名詞化された形容詞が先行詞となる場合がある。

Übung 1　Ergänzen Sie.　（　）内に当てはまる関係代名詞を入れなさい。

1. Ihre Tochter, (　　　　　) Augen braun sind, studiert Literatur.　▶*pl.* Augen 目
   目が茶色い彼女の娘は、文学を勉強している。
2. Das Fahrrad, mit (　　　　　) ich ins Geschäft fahre, habe ich vor 2 Jahren gekauft.
   私は出勤に使っている自転車を２年前に買いました。　▶*n.* Fahrrad 自転車
3. Das Auto mit Münchner Nummer, (　　　　　) auf dem Parkplatz steht, ist seins.
   駐車場にあるミュンヘンナンバーの車は、彼のです。
4. Der Angestellte, (　　　　　) Interesse an Japan hat, spricht mit seinem Chef.
   日本に興味を持っている従業員は今、彼の上司と話をしています。　▶*m.* Angestellte 従業員
5. Der Frau, mit (　　　　　) du gestern gesprochen hast, gefällt Kyoto.
   君が昨日話していた女性は京都が好きなんだ。
6. Mein Mann, mit (　　　　　) du jeden Tag telefonierst, ist jetzt in Augsburg.
   君が毎日、電話で話をしている私の夫は、今、アウクスブルクにいます。

7. Die Fabrik, in (　　　　　) sein Vater arbeitet, liegt weit weg von hier.　▶*f.* Fabrik 工場
彼の父が働いている工場は、ここから遠くにある。
8. Der Markt, auf (　　　　　) sie Obst verkaufen, liegt im Norden des Dorfes.　▶*m.* Markt 市場
彼らが果物を売っている市場は、村の北にある。
9. (　　　　　) lieber Nudeln essen will, muss hier bleiben.
麺を食べたい人は、ここに残らなければなりません。
10. (　　　　　) ihr braucht, könnt ihr hier kaufen.
君たちが必要なものは、ここで買うことができます。

Übung 2　Schreiben Sie.　2文を1文にしなさい。

1. Der Mann hat kein Geld. / Ich habe dem Mann einen Anzug geschenkt.　▶*m.* Anzug スーツ

____

2. Ich habe einen Kaffee bestellt. / Der Kaffee war schon kalt.*　▶bestellen 注文する

____

3. Das Kino ist schon alt. / Er kennt von Jugend an das Kino.*　▶*f.* Jugend 青春時代

____

4. Wo hast du das T-Shirt gekauft? / Du trägst ein T-Shirt.

____

5. Ich finde diese Uhr schön. / Die Uhr hängt an der Wand.　▶*f.* Uhr 時計

____

* 関係文の位置：関係文は通常先行詞の直後に置かれるが、定動詞と強く結びついた要素（完了文の過去分詞や話法の助動詞文の不定詞など）がある場合、関係文はその後に置かれることがある。
* **von...an**「～から、～以来」：前置詞 von と副詞 an 両方を用いて、意味を明確にする。

Übung 3　Schreiben Sie.　動詞·助動詞を変化させ、並べ替えて正しい文を作りなさい。m./f./n. 表記がある名詞は、定冠詞または不定冠詞を付けて変化させなさい。

1. 私がちょうど読んでいる雑誌は、私の同僚がガソリンスタンドで買った。
mein / an / ich / *f.* Zeitschrift / , / , / *f.* Tankstelle / . / Kollege / haben / gerade / lesen / die / kaufen
▶*f.* Zeitschrift 雑誌　*f.* Tankstelle ガソリンスタンド

____

2. 目が茶色い男は、デパートで野菜を買った。　▶*n.* Gemüse 野菜　*n.* Kaufhaus デパート
kaufen / Gemüse /. / sein / , / , / Augen / Kaufhaus / dessen / im / haben / *m.* Mann / braun

____

3. 彼女は姉（妹）が買ったブラウスを着ている。　▶*f.* Bluse ブラウス
ihre / tragen / die / kaufen / *f.* Bluse / , / haben / Schwester / sie / .

____

単語

□**zeichnen** 描く　□**begrüßen** 挨拶する　□**falsch** 間違っている　□***n.* Auge**（***pl.* -n**）目
□***n.* Fahrrad** 自転車　□***n.* Geschäft** 店　□***m.* Parkplatz** 駐車場
□**telefonieren** 電話で話す　□**weit** 離れた　□***m.* Anzug** スーツ　□**bestellen** 注文する
□***f.* Uhr** 時計　□***f.* Zeitschrift** 雑誌　□***f.* Tankstelle** ガソリンスタンド　□***n.* Gemüse** 野菜
□***n.* Kaufhaus** デパート　□***f.* Bluse** ブラウス

Lektion 22 命令法

相手		trinken	gehen	essen	fahren	werden	sein
du	-(e)	trinke	geh	iss	fahr	werde	sei
ihr	-(e)t	trinkt	geht	esst	fahrt	werdet	seid
Sie	-en Sie	trinken Sie	gehen Sie	essen Sie	fahren Sie	werden Sie	seien Sie

23

命令法　動詞は文頭、命令する相手との関係（du/ihr/Sie）によって形が異なる。 **werden, sein は特殊な形**

Trink nicht zu viel!　飲みすぎないで！（du に対して）

Buchstabiert das Wort!　単語の綴りを言って！（ihr に対して）

Geben Sie mir bitte die Speisekarte!　メニューをください！（Sie に対して）

Steigen Sie in Berlin aus!　ベルリンで降りてください！（Sie に対して）

〔du に対する命令の例外〕

①特に不規則動詞ではふつう語尾 -e を省くが、語尾 -e が省略されない場合もある。

Rede nicht so schnell!　そんなに早く話さないで！（語幹が -d,-t 等で終わる動詞）

Zweifle nicht an dir selbst!　自分を疑うな！（不定詞が -eln,-ern 等で終わる動詞）

②現在形で幹母音が変化する動詞では、e → i, e → ie のみ変化し、a → ä は変化しない。

Sprich lauter!　もっと大きな声で話して！

Nimm deine Fahrkarte mit!　乗車券を持って行って！ **分離動詞に注意**

Fahr geradeaus!　まっすぐ行って！

Übung 1 Ergänzen Sie.　動詞を命令形に活用して、下の表を完成させなさい。

1. kaufen

du	
ihr	
Sie	

2. geben

du	
ihr	
Sie	

3. warten

du	
ihr	
Sie	

4. gehen

du	
ihr	
Sie	

5. sein

du	
ihr	
Sie	

6. essen

du	
ihr	
Sie	

7. kochen

du	
ihr	
Sie	

8. fahren

du	
ihr	
Sie	

Übung 2 **Schreiben Sie.** 次の不定詞句を du, ihr, Sie に対する命令文にしなさい。

1. nicht zu viel trinken ⇒「飲みすぎないで！」
   (du) ______
   (ihr) ______
   (Sie) ______
2. ein Taxi bestellen ⇒「タクシーを呼んで！」
   (du) ______
   (ihr) ______
   (Sie) ______
3. in Berlin aus|steigen ⇒「ベルリンで降りて！」
   (du) ______
   (ihr) ______
   (Sie) ______

Übung 3 **Ergänzen Sie.** Sie に対する命令文を du に、du に対する命令文を Sie にそれぞれ書き換えなさい。

1. Lern Deutsch intensiv!「集中してドイツ語を勉強しなさい！」
   ______
2. Schlafen Sie noch ein bisschen!「もう少し眠りなさい！」
   ______

Übung 4 **Schreiben Sie.** 動詞を変化させ、並べ替えて正しい文を作りなさい。m./f./n. 表記がある名詞は、定冠詞または不定冠詞を付けて変化させなさい。

1.「自分でセーターを洗いなさい！」 Sie / doch / selbst / ! / waschen / *m.* Pullover*
   ______
2.「このワインをためしてごらん！」（du に対して・ihr に対して）
   mal / ! / diesen / probieren / Wein*
   ______ / ______
3.「誠実でいなさい！」 ehrlich / Sie / sein / nur / !
   ______

* 命令文の中の **doch**, **mal**：「さっさと」「ちょっと」などのニュアンスを加える。

単語

☐ **buchstabieren** 綴りを言う ☐ ***f.* Speisekarte** メニュー ☐ **aus|steigen** 降りる
☐ **schnell** 速い ☐ **an** ～^{3} **zweifeln** ～^{3}を疑う ☐ **selbst** 自分で
☐ **laut** やかましい、うるさい ☐ ***f.* Fahrkarte** 乗車券 ☐ **geradeaus** まっすぐに
☐ **ein bisschen** 少し ☐ **probieren** 試す ☐ **ehrlich** 誠実な ☐ **nur** ただ…だけ

Lektion 23 否定

24

否定詞 nicht と否定冠詞 kein

〔kein〕不定冠詞または無冠詞の名詞を否定する場合

Hat er eine Geige? − Nein, er hat **keine** Geige.

彼はバイオリンを持っていますか？−いいえ、彼はバイオリンを持っていません。

Hat Renate heute Zeit? − Nein, sie hat heute **keine** Zeit.

レナーテは今日時間がありますか？−いいえ、彼女は今日時間がありません。

〔nicht〕定冠詞または所有冠詞のついた、特定のものを表す名詞を否定する場合

Ist das dein Handy? − Nein, das ist **nicht** mein Handy.

それは君の携帯？−いや、それはわたしの携帯じゃないよ。

〔nicht の位置〕

①原則として否定する語の前に置き、全文否定の場合は文末に置く。

Sie haben **nicht** Tomaten gekauft, sondern Orangen.　彼らはトマトではなく、オレンジを買った。

Nicht jeder hat ein Fahrrad.　みんなが自転車を持っているのではない。

Er kommt heute **nicht**.　彼は今日は来ない。［全文否定］

Er spricht **nicht** gut Deutsch.　彼はドイツ語がうまく話せない。［部分否定］

②動詞と結びつきの強い要素や、表現がある場合は、その前に置く。

Heute Abend komme ich **nicht** nach Hause.［慣用表現］

今晩、私は家に帰らない。（nach Hause kommen 帰宅する）

Er geht **nicht** zur Uni.　彼は大学には行かない。［様態、方向を表す語や前置詞句］

Er ist **nicht** fleißig.　彼は勤勉でない。［「〜である」という文の形容詞］

否定疑問文　応答には ja/nein ではなく doch/nein を用いる。

Hast du keinen Studentenausweis?　君は学生証を持っていないの？

− Doch, ich habe einen.　いや、持っているよ。

− Nein, ich habe keinen.　うん、持っていないよ。

Übung 1　Ergänzen Sie.　kein を活用して、（　）内に入れなさい。

1. Es gibt (　　　　　) Toilette (*f.*) in dieser Kirche.　この教会にはトイレがありません。
2. Ich habe (　　　　　) Foto (*n.*) vom Fest.　私はお祭りの写真は一枚も持っていません。
3. In diesem Ort kann man (　　　　　) Lebensmittel (*pl.*) kaufen.
   この場所では、食料品を買えません。
4. Sie haben (　　　　　) Lust (*f.*), spazieren zu gehen.*　彼らは散歩に行く気がありません。
5. Er kommt auf (　　　　　) Fall (*m.*).　彼は決して来ない。
6. (　　　　　) Studenten gefällt das.　それを気に入る学生はいない。
7. Der Beamte, dessen Gesicht eine gesunde Farbe hat, nimmt (　　　　　) Urlaub (*m.*) in diesem Sommer.
   顔色の良い公務員は今年の夏は休暇を取りません。

* **...Lust, spazieren zu gehen**「散歩に行く気（Lust）」: 付加語としての zu 不定詞句（L26参照）

Übung 2 **Antworten Sie.** 次の疑問文に対して、肯定形、否定形の二種類の答えを作りなさい。

1. Haben Sie meine Tante nicht gesehen?　私のおばを見ていませんか？

2. Hast du heute keine Hausaufgaben?　今日は宿題はないの？　▶*f.* Aufgabe（*pl.* -n）課題

Übung 3 **Schreiben Sie.** 次の文を否定文にしなさい。

1. Die Informationen stimmen.　▶stimmen ～が合っている
⇒その情報は正しくない。

2. Das Haus meines Onkels hat eine Garage.　▶*f.* Garage ガレージ
⇒私のおじの家にはガレージがない。

3. Das ist gut.　⇒それはよくない。

4. Bolz hat jetzt Geld.　⇒ボルツは今お金（*n.*）を持っていない。

5. Das Salz aus Okinawa ist sehr teuer.　⇒沖縄の塩はとても高いわけではない。　▶*n.* Salz 塩

6. In diesem Geschäft kann man frische Zitronen kaufen.　▶frisch 新鮮な　*f.* Zitrone（*pl.* -n）レモン
⇒この店では新鮮なレモンは買えない。

Übung 4 **Schreiben Sie.** 動詞を変化させ、並べ替えて正しい文を作りなさい。

1. 当時はチャンスがなかった。　Chance / haben / . / damals / ich / keine　▶*f.* Chance チャンス

2. 風は北から吹くのではない。　kommen / nicht / Wind / . / von / der / Norden　▶*m.* Wind 風

3. 私は彼に教科書を貸さなかった。　▶*m.* Lehrbuch 教科書　leihen 貸す
haben / ich / . / mein / nicht / ihm / leihen / Lehrbuch

4. トマトを食べる人間はいない。　Mensch / Tomaten / essen / . / kein　▶*m.* Mensch 人間

単語

☐ ***f.* Tomate (*pl.* -n)** トマト　☐ ***n.* Foto** 写真　☐ ***n.* Fest** 祭り、祝い　☐ ***m.* Ort** 場所
☐ ***pl.* Lebensmittel** 食料品　☐ ***f.* Lust**（…したい）気持ち　☐ ***m.* Fall** 場合　☐ ***n.* Gesicht** 顔
☐ **gesund** 健康な　☐ ***m.* Urlaub** 休暇　☐ ***f.* Tante** おば　☐ ***f.* Aufgabe (*pl.* -n)** 課題
☐ **stimmen** ～が合っている　☐ ***n.* Salz** 塩　☐ **frisch** 新鮮な　☐ ***f.* Zitrone (*pl.* -n)** レモン
☐ **damals** 当時　☐ ***m.* Wind** 風　☐ **leihen** 貸す　☐ ***m.* Mensch** 人間

Lektion 24 受動態

25

受動態　werden ＋過去分詞（文末）

Ich werde gelobt.　私は褒められる。［現在形］

Sie wurden gestern gelobt.　彼らは昨日、褒められた。［過去形］

Du bist gelobt worden.　君は褒められた。［現在完了形］　**過去分詞は worden**

（能動文）Der Dieb（1格）stehlt den Schlüssel（4格）.　泥棒が鍵を盗む。

（受動文）Der Schlüssel（1格）wird von dem Dieb gestohlen.　泥棒に鍵が盗まれる。

＊能動文の4格目的語のみ、受動文で主語（1格）になる。

Der Täter wird von einem Polizisten verhaftet.　犯人は警察に逮捕される。

Viele Häuser wurden durch den Sturm zerstört.　たくさんの家が嵐で破壊された。

＊能動文の主語は受動文で von ＋3格（行為の主体）／ durch ＋4格（手段・原因）で表される。

〔状態受動〕sein ＋過去分詞（文末）「〜された状態である」

Die Tür ist geschlossen.　ドアは閉まっている。

Wie lange ist das Café geöffnet?　カフェはどれぐらい長く開いていますか。

〔自動詞受動〕４格目的語がないため、受動文に主語がない。

Dir wird von mir geholfen.　君は私に助けられます。（← Ich helfe dir.　私は君を助けます。）

Es wurde bis in die späte Nacht gefeiert.　夜遅くまでパーティーをした。

＊文頭に来る成分がない場合は es を文頭に置く。　**werden は3人称単数形**

Übung 1　Ergänzen Sie.　（　）内に当てはまる語を入れなさい。

1. Die Zwiebeln (　　　　　) geschnitten.　玉ねぎが切られる。
2. Der Ausweis (　　　　　) gestohlen.　証明書が盗まれる。
3. Unsere Vornamen (　　　　　) gerufen.　我々の下の名前が呼ばれた。
4. Die Ausstellung (　　　　　) in Hamburg veranstaltet (　　　　　).
   展覧会はハンブルクで開催された。
5. Der Flughafen (　　　　　) genau um 5 Uhr geöffnet.　空港はちょうど5時に開く。
6. Sie hat mir gesagt, dass der Schmuck gestern gestohlen (　　　　　) (　　　　　).
   彼女は私に、アクセサリーは昨日盗まれたと言った。
7. Die Bibliothek (　　　　　) von Montag bis Freitag geöffnet.
   図書館は月曜日から金曜日まで開いている。
8. Hier (　　　　　) über das Problem diskutiert.　ここではその問題について議論される。
9. (　　　　　) wurde im Restaurant viel getanzt.　レストランで大いに踊った。

Übung 2 Schreiben Sie. 次の能動文を、受動文に書き換えなさい。

1. Tom trinkt Kaffee.

2. Jeden Tag führt mein Sohn ihren Hund aus. ▶führen 面倒を見る、連れて行く

3. Er schrieb den Brief.

4. Man hat das Konzert in München veranstaltet.* ▶*n.* Konzert コンサート

* 能動文の主語 **man**：能動文で主語が man の場合、受動文にすると von + man「人によって（～される）」となるため、受動文では現れない。

Übung 3 Schreiben Sie. 次の受動文を能動文に書き換えなさい。

1. Zwei Häuser werden von Tom gebaut. ▶gebaut < bauen 建てる

2. Eier werden gekocht. ▶*n.* Ei（*pl.* -er）卵　　Übung 2 の 4. を参考にしましょう。

3. Ihr seid gelobt worden.

4. Hier wird viel gegessen und getrunken.

5. Ihm ist von dir geholfen worden.

Übung 4 Schreiben Sie. 動詞・助動詞を変化させ、並べ替えて正しい文を作りなさい。m./f./n. 表記がある名詞は、定冠詞または不定冠詞を付けて変化させなさい。

1. 彼もパーティーに招待される。 werden / auch / einladen / Party / zur / er / .

2. 本はその教授によって書かれた。 schreiben / . / *m.* Professor / von / *n.* Buch / werden

3. 銀行は9時から15時まで開いています。 ▶*f.* Bank 銀行
   öffnen / von / *f.* Bank / 9 / sein / . / 15 / bis /

4. ここではその問題について議論された。 über / . / diskutieren / hier / werden / *n.* Problem / sein

単語

☐ **loben** 褒める　☐ ***m.* Schlüssel** 鍵　☐ ***m.* Sturm** 嵐　☐ ***f.* Tür** ドア　☐ **schließen** 閉める
☐ **wie lange** どれぐらい長く　☐ **öffnen** 開ける　☐ **spät** 遅い　☐ ***f.* Nacht** 夜
☐ ***f.* Zwiebel（*pl.* -n）** 玉ねぎ　☐ **schneiden** 切る　☐ ***m.* Ausweis** 証明書　☐ **rufen** 呼ぶ
☐ ***f.* Ausstellung** 展覧会　☐ ***m.* Flughafen** 空港　☐ **genau** ちょうど　☐ ***m.* Freitag** 金曜
☐ **diskutieren** 討論する　☐ **tanzen** 踊る　☐ **führen** 連れていく　☐ ***n.* Konzert** コンサート
☐ **bauen** 建てる　☐ ***n.* Ei（*pl.* -er）** 卵　☐ ***f.* Bank** 銀行

Lektion 25 分詞

現在分詞　「〜している」：不定詞＋ -d（例外：sein → seiend　tun → tuend）

過去分詞　「〜した（自）」「〜される、された（他）」：ge-t または ge-en（L17 参照）

分詞の用法　形容詞と同様の３つの用法が存在する。

26

①付加語的用法：名詞の前に置いて、名詞を修飾する。

Die singende Frau　歌う女性　　Der bewölkte Himmel　雲の垂れ込めた空

②副詞的用法：動詞が表す動作を修飾する。

Das schwache Team hat überraschend die Meisterschaft gewonnen.

弱いチームは驚いたことに、優勝した。

Die Gruppe von Kindern der zweiten Klasse singt ausgezeichnet.

第２学年の子供たちのグループは、とても上手に歌います。

③名詞的用法：形容詞の名詞化と同様、格語尾をつけて名詞として用いる。

Studierende 大学生（studierend「学んでいる」→ die Studierenden「大学生」（複））

Alle Studierenden müssen ihren Studentenausweis zeigen.

学生はみな、学生証を提示しなければならない。

〔分詞の絶対的用法〕

kurz gesagt　（簡潔に言うと）　　wie gesagt　（前に言ったように）

offen gestanden　（率直に言うと）　　anders formuliert　（別の言い方をすれば）

so gesehen　（そう考えると）　　davon abgesehen　（それを除外すると）

Kurz gesagt war es schwierig.　簡潔に言うと、難しかった。

Offen gestanden ist das Zimmer nicht gemütlich.　率直に言うと、部屋は居心地良くなかった。

Übung 1　Ergänzen Sie.　（　）内の動詞を変化させ、下線部に入れなさい。

1. Den von ihr ______________ Topf habe ich in deinem Zimmer vergessen. (leihen)
   彼女に借りた鍋(*m.*)は君の部屋に忘れてきてしまった。
2. In diesem Zimmer kann man viele ______________ Fische sehen. (schwimmen)
   この部屋ではたくさんの泳いでいる魚を見ることができます。
3. Am ______________ Sonntag besuchen wir lieber das Theater. (kommen)
   次の日曜は、むしろ観劇に行きます。
4. Er hat ein ______________ Ei zum Frühstück gegessen. (kochen)
   彼はゆで卵を朝食に食べた。
5. Der Unfall war für meinen Onkel ______________ . (entscheiden)
   事故は私のおじにとって決定的だった。　▶sich entscheiden 決定する、決断する

Übung 2 Schreiben Sie. 分詞の形に気を付けて、日本語に直しなさい。

1. kochendes Wasser ______________ 2. ein hart gekochtes Ei ______________
3. das gemalte Bild ______________
4. das von dem Maler gemalte Bild ▶*m.* Maler 画家 ______________
5. das sinkende Schiff ▶sinken 沈む *n.* Schiff 船 ______________

Übung 3 Ergänzen Sie. （ ）に当てはまる選択肢を下から選んで入れなさい。

（　　　　）gibt es nur eine Bäckerei im Dorf.（　　　　）wird das Brot auch im Supermarkt verkauft. Aber（　　　　）kaufen Dorfbewohner Brot in der Bäckerei.（　　　　）ist sie der Mittelpunkt vom Leben der Dorfbewohner.（　　　　）hängen die Bewohner von der Bäckerei ab.

① davon abgesehen	② wie gesagt	③ anders formuliert
④ offen gestanden	⑤ so gesehen	

前に言ったように、村にはパン屋が一軒しかない。率直に言うと、スーパーでもパンは売っている。しかし、それを除外すると、村の人々はパンをそのパン屋で買っている。そう考えると、そのパン屋は村の人々の生活の中心にある。別の言い方をすれば、村の人々はパン屋に依存している。

Übung 4 Schreiben Sie. 動詞･助動詞を変化させ、並べ替えて正しい文を作りなさい。m./f./n./pl. 表記がある名詞は、定冠詞または不定冠詞を付けて変化させなさい。

1. 空には輝く太陽が照っている。 Himmel / stehen / am / scheinen / *f.* Sonne / . ▶*f.* Sonne 太陽

____

2. 先生は笑いながらストーブのそばに座っている。 ▶*m.* Ofen ストーブ
sitzen / *m.* Lehrer / am / . / lachen / Ofen

____

3. どうして彼は雨の中、閉じたドアの前に立っているのですか？ ▶*m.* Regen 雨 wieso なぜ
f. Tür / vor / er / stehen / im / wieso / schließen / Regen / ?

____

4. 彼に招待された人は入ることができます。 ▶herein|kommen 入ってくる
von / *pl.* Leute / können / einladen / hereinkommen / ihm / .

____

5. 私はトルコである旅行者（男）と知り合った。
kennenlernen / ich / in / reisen / *f.* Türkei / . / haben

____

単語

□ **schwach** 弱い □ **überraschen** 驚かせる □ **gewinnen** 勝つ □ **ausgezeichnet** 優秀な
□ **schwierig** 難しい □ **offen** 開いている □ **gemütlich** 居心地のいい □ ***m.* Topf** 鍋
□ ***n.* Frühstück** 朝食 □ ***m.* Unfall** 事故 □ **sinken** 沈む □ ***n.* Schiff** 船 □ ***n.* Brot** パン
□ **ab|hängen** 依存している □ **scheinen** 輝く □ ***f.* Sonne** 太陽 □ ***m.* Ofen** ストーブ
□ ***m.* Regen** 雨 □ **wieso** なぜ

Lektion 26 不定詞

27

不定詞　一つの行為名詞として用いられ、中性名詞として扱う。

Reden ist Silber, Schweigen ist Gold.　雄弁は銀、沈黙は金（ことわざ）。

Ich kenne ihn nur vom Sehen.　私は彼の外見しか知らない。

zu 不定詞　zu 不定詞句の中では、zu 不定詞は最後に置く。

zu lernen「学ぶこと」　Deutsch zu lernen「ドイツ語を学ぶこと」

＊分離動詞は前綴りと基礎動詞の間に zu を入れる　mitkommen → mitzukommen

zu 不定詞の用法　　**zu 不定詞句の前にはコンマ**

①主語として「～することは…」(es で代用可能)

Nach Deutschland zu fliegen ist mein Wunsch.　ドイツに行くことは私の夢です。

Es ist wichtig, eine Pause zu machen.　一休みすることは重要です。

②目的語として「～することを…」(es で代用可能)

Vergiss nicht, das Licht auszuschalten.　電気を消すのを忘れないで。

Er hält es für nötig, Deutsch zu lernen.　彼はドイツ語を学ぶことを必要だと思う。

③付加語として「～するという…」(前の名詞を修飾)

Der Hausmann hat die Aufgabe, das Mittagessen in der Küche vorzubereiten.
主夫は、キッチンで昼食を用意するという仕事がある。

Ich habe keine Zeit, das Frühstück vorzubereiten.　私は朝食を準備する時間がない。

④副詞として

um...zu（～するために）　ohne...zu（～することなく）　statt...zu（～するかわりに）

Man braucht ein Ticket, **um** mit dem Flugzeug **zu** fliegen.
飛行機で行くには、航空券が必要です。

Er hat den Test bestanden, **ohne** fleißig **zu** lernen.
彼は、一生懸命勉強することなく、テストに合格した。

Sie sieht ihren Lieblingsfilm im Fernsehen, **statt** zum Tanzen **zu** gehen.
彼女はダンスに行く代わりに、大好きな映画をテレビで見る。

＊②～④の用法では、zu 不定詞の主語と主文の主語は同じになる。

Übung 1　Schreiben Sie um.　以下の文について、誤りを直し、正しい文を書きなさい。

1. Ich habe leider keine Zeit, zu fahren mit dir in Urlaub.
残念ながら、私は君と休暇旅行に行く時間はない。

2. Ich freue mich darüber, meinen persönlichen Geburtsort besuchen.　▶*m.* Geburtsort 出生地
私は自分の出生地を訪ねたことを嬉しく思っている。

3. Er hat im Erdgeschoss die Polizei gerufen, einen Dieb zu verhaften.
彼は泥棒を逮捕するために、一階で警察を呼んだ。

4. Du brauchst nicht zu mitkommen.　▶否定詞 + brauchen + zu 不定詞 ～する必要はない
君は一緒に来る必要はありません。

目的語が zu 不定詞のみの場合、コンマは置かない

Übung 2 Schreiben Sie um. 副文を zu 不定詞句に書き換えなさい。

1. Es ist schwierig, dass man das Buch richtig versteht. ▶richtig 正しい
   その本を正しく理解するのは難しい。

2. Ich freue mich schon darauf, dass ich euch wieder an der Universität sehe.
   君たちにまた大学で会うことを楽しみにしています。

Übung 3 Schreiben Sie um. zu 不定詞句を用いて、2文を1文にしなさい。

1. Es ist möglich. / Man lernt viele Sprachen. ▶möglich 可能な
   →たくさんの言語を学ぶことは可能です。

2. Vergessen Sie (das) nicht! / Sie halten einen Platz frei. ▶*m.* Platz 座席、場所 frei|halten 空けておく
   →一席空けておくのを忘れないでください。

3. Sie gehen in die Stadt. / Sie kaufen ein Paar neue Schuhe. ▶*m.* Schuh (*pl.* -e) 靴
   →彼らは一足の新しい靴を買うために、町に行く。

4. Mein Vater hat das Haus verlassen. / Er nimmt keine Dusche. ▶verlassen 去る *f.* Dusche シャワー
   →私の父は、シャワーを浴びずに家を出た。

Übung 4 Schreiben Sie. 動詞を変化させ、並べ替えて正しい文を作りなさい。m./f./n. 表記がある名詞は、定冠詞または不定冠詞を付けて変化させなさい。

1. 次の停留所で降りるのを忘れないで。 ▶*f.* Haltestelle 停留所
   nicht / , / aussteigen / nächsten / an / vergessen / *f.* Haltestelle / zu / !

2. あまりに速くドライブすることは危険です。 ▶gefährlich 危険な
   schnell / es / sein / zu / fahren / , / gefährlich / . / zu

3. そのオーストリア人は薬を飲む代わりに、30分間寝た。 ▶*f.* Tablette 薬 *f.* Minute (*pl.* -n) 分
   dreißig / statt / *f.* Tablette / , / Minuten / *m.* Österreicher / haben / . / nehmen / zu / schlafen

単語

☐ **mit|kommen** 一緒に来る ☐ **wichtig** 重要な ☐ **aus|schalten** スイッチを切る
☐ ～⁴ **für … halten** ～を…と思う、見なす ☐ **nötig** 必要な ☐ ***f.* Küche** 台所
☐ ***n.* Flugzeug** 飛行機 ☐ **bestehen** 合格する ☐ ***n.* Erdgeschoss** 地階 ☐ ***f.* Polizei** 警察
☐ **richtig** 正しい ☐ **möglich** 可能な ☐ ***m.* Platz** 座席、場所 ☐ ***m.* Schuh** (***pl.* -e**) 靴
☐ **verlassen** 去る ☐ ***f.* Haltestelle** 停留所 ☐ **gefährlich** 危険な ☐ ***f.* Tablette** 薬（錠剤）

Lektion 27 接続法

接続法基本形　Ⅰ式：語幹＋ -e　Ⅱ式：過去基本形＋ -e　**不規則動詞は a,o,u → ä,ö,ü**

不定詞	**kommen**	**haben**	**werden**	**können**	**schneiden**	**sein**
接続法Ⅰ式基本形	komme	habe	werde	könne	schneide	sei
接続法Ⅱ式基本形	käme	hätte	würde	könnte	schnitte	wäre

接続法の人称変化

不定詞	**kommen**		**sein**		**haben**		**werden**	
	Ⅰ式	Ⅱ式	Ⅰ式	Ⅱ式	Ⅰ式	Ⅱ式	Ⅰ式	Ⅱ式
基本形	komme	käme	sei	wäre	habe	hätte	werde	würde
ich：-	komme	käme	sei	wäre	habe	hätte	werde	würde
du：-st	kommest	kämest	sei(e)st	wärest	habest	hättest	werdest	würdest
er/：-	komme	käme	sei	wäre	habe	hätte	werde	würde
wir：n	kommen	kämen	seien	wären	haben	hätten	werden	würden
ihr：-t	kommet	kämet	seiet	wäret	habet	hättet	werdet	würdet
sie：-n	kommen	kämen	seien	wären	haben	hätten	werden	würden

接続法の時制　接続法過去：完了助動詞 sein/haben の接続法＋過去分詞（文末）

	接続法Ⅰ式	接続法Ⅱ式
現在	er gehe	er käme
過去・現在完了・過去完了	er sei ... gegangen	er wäre ... gekommen
未来	er werde ... gehen	er würde ... kommen
未来完了	er werde ... gegangen sein	er würde ... gekommen sein

接続法の用法

28

①間接話法（Ⅰ式）：間接引用文と主文の間の時制の一致はない。

Er sagt/sagte, er sei glücklich.　彼は、幸せだと言う／言った。

Er sagt/sagte, er habe keine Zeit gehabt.　彼は、時間がなかったと言う／言った。

Ich fragte ihn, wann er in Bonn gewesen sei.　私は彼にいつボンにいたか聞いた。

Sie fragte ihn, ob er Deutsch spreche.　(„Sprichst du Deutsch?“)

彼女は彼がドイツ語を話すか聞いた。〔決定疑問文→ ob〕

Er befahl ihr, sie solle sofort nach Hause kommen. („Komm sofort nach Hause!“)

彼は彼女にすぐに家に帰るよう命令した。〔強い命令→ sollen〕

Sie bat ihn, er möge ihr einen Brief schreiben. („Bitte schreiben Sie mir einen Brief!“)

彼女は彼に手紙を書いてくれるようお願いした。〔弱い命令→ mögen〕

Sie schreibt mir, ihre Eltern kämen bald zu ihr.　（Ⅰ式が直説法と同形→Ⅱ式を使用）

彼女は私に、両親が間もなく自分のもとに来ると書いて寄こした。

②非現実話法（Ⅱ式）：würde ＋不定詞でⅡ式を代用することも多い。

Wenn er Geld hätte, käme er nach Kiel.　もしお金があれば、彼はキールに来るのに。

Wenn sie Zeit hätte, würde sie die Kirche besuchen.

時間があれば、彼女は教会に行くのに。　**特に直説法と同形の場合 würde を使用**

Wenn ihr in dieser Firma gearbeitet hättet, hättet ihr viel Geld gehabt.

君たちがこの会社で働いていたら、たくさんお金を持っていただろうに。

Hätte ich jetzt Zeit, würde ich dich besuchen.〔動詞文頭による wenn の省略〕

今、時間があれば、君を訪ねるのに。

Wenn ich doch Arzt werden könnte.〔条件文の独立＝願望〕

もし医者になれたらなあ。（doch や nur を伴うことが多い）

Ohne eure Hilfe hätte ich die Hausaufgabe nicht so schnell geschafft.

君たちの助けなしには、宿題をこんなに早く終わらせることはできなかっただろう。

③要求話法（Ⅰ式）：主語に対する話者の要求を表す。

Lang lebe der König!　王様が長生きしますように！

Man nehme nach dem Essen zwei Tabletten.　食後に二錠服用するように。

Übung 1 Ergänzen Sie.（　）内の動詞を変化させて、下線部に入れなさい。

1. Der Journalist ______________（sagen）, er ______________（sein）seit acht Jahren verheiratet.
ジャーナリストは、自分は結婚して八年になると言った。　▶verheiratet sein 結婚している

2. Wenn ich ein Vogel ______________（sein）, so ______________（fliegen）ich zu dir.
もし私が鳥ならば、君のところに飛んで行くのだが。　▶*m.* Vogel 鳥

3. Wenn ich viel Geld ______________（haben）, ______________（werden）ich einen neuen CD-Player kaufen.
お金がたくさんあったら、新しい CD プレイヤーを買うのに。

4. Die Chefin ______________（haben）______________（sagen）, sie ______________（haben）einen Drucker ______________（kaufen）.　▶*m.* Drucker 印刷機
チーフは、新しい印刷機を買ったと言った。

5. Wenn mein Kopf nicht ______________（wehtun）______________（haben）, ______________（sein）ich auch in den Westen der Stadt ______________（gehen）.
もし頭が痛くなかったら、町の西部へも行ったのに。　▶*m.* Kopf 頭　weh|tun ～が痛い

6. Der Beamte ______________（haben）gesagt, er ______________（sein）gestern einkaufen ______________（gehen）.
公務員は昨日、買い物に行ったと言った。

Übung 2 Schreiben Sie um. 直接話法を間接話法に直しなさい。

1. Der Arzt sagt: „Er kommt wahrscheinlich in zehn Minuten.“ ▶wahrscheinlich おそらく
   医者は、彼はおそらく十分で来ると言う。

2. Meine Kollegin fragt mich: „Ist der Koffer schwer?“ ▶*m.* Koffer スーツケース schwer 重い
   私の同僚はスーツケースが重いか聞く。

3. Die Chefin hat gesagt: „Ich habe ein Liter Bier getrunken.“
   チーフはビールを一リットル飲んだと言った。

Übung 3 Schreiben Sie um. 次の文を接続法現在と過去に直しなさい。

1. Wenn ich Zeit habe, spüle ich die Gläser. 時間があったら、グラスを洗うのに。
   (現在)
   (過去)
2. Wenn er kommt, gehe ich mit ihm ins Kino. 彼が来たら、一緒に映画に行くのに。
   (現在)
   (過去)

Übung 4 Schreiben Sie. 動詞・助動詞を変化させ、並べ替えて正しい文にしなさい。 m./f./n. 表記がある名詞は、定冠詞または不定冠詞を付けて変化させなさい。

1. 彼女はまるで病気のように見える。* ▶aus|sehen ～に見える
   aussehen / krank / . / sein / , / sie / als ob / sie

2. 料理ができたら、君を助けるのに。 kochen / ich / wenn / werden / , / ich / helfen / können / dir / .

3. 君たちがもし町の東に行くなら、新しい靴下を買うことができるのに。 ▶*m.* Osten 東
   können / kaufen / in / ihr / wenn / , / *m.* Osten / ein Paar / ihr / *f.* Stadt / Socken / gehen / neue / .

* **als ob** ～「あたかも～のように」: 合わせて従属接続詞として扱い、副文を導く。接続法Ⅱ式とともに現れることが多い。

単語

☐ **sofort** すぐに ☐ **bitten** 頼む ☐ ***f.* Firma** 会社 ☐ **schaffen** 成し遂げる ☐ ***m.* König** 王
☐ **verheiratet** 結婚している ☐ ***m.* Vogel** 鳥 ☐ ***m.* Drucker** 印刷機 ☐ ***m.* Kopf** 頭
☐ **weh|tun** ～が痛い ☐ ***m.* Westen** 西 ☐ **wahrscheinlich** おそらく
☐ ***m.* Koffer** スーツケース ☐ **schwer** 重い、難しい ☐ ***n.* Liter** リットル ☐ **spülen** すすぐ
☐ ***n.* Glas (*pl.* ¨er)** グラス ☐ **aus|sehen** ～に見える ☐ ***m.* Osten** 東

発展編

Lektion 1 主語

Übung 1 Ergänzen Sie. 表の空欄を埋めなさい。

	単数	複数		単数	複数
1人称（私は）			（彼は）		
2人称（君は）			3人称（彼女は）		
（あなたは）			（それは）		

Übung 2 Ergänzen Sie. 次の文が答えになる疑問文を書きなさい。

1. Ich komme aus Frankreich.　僕はフランス出身だよ。

   ______________ kommst ______________ ?

2. Sie heißt Frau Niehaus.　彼女はニーハウスさんといいます。

   ______________ heißt ______________ ?　　▶Frau ～さん（女性）

3. Wir studieren Mathematik.　私たちは数学を専攻しているよ。／います。

   ______________ studiert ______________ ? / ______________ studieren ______________ ?

4. Sie wohnt in Berlin.　彼女はベルリンに住んでいる。

   ______________ wohnt ______________ ?

Übung 3 Schreiben Sie. ドイツ語を日本語に直しなさい。

1. Wo wohnt Maria? — Sie wohnt in München.

   ____

2. Spielt er Geige? — Ja, er spielt Geige.　▶Geige バイオリン

   ____

3. Was lernst du? — Ich lerne Deutsch.

   ____

4. Woher kommt Herr Schmidt? — Er kommt aus Deutschland.　▶Herr ～さん（男性）

   ____

5. Hört ihr gern Musik? — Ja, wir hören sehr gern Musik.

   ____

6. Sie wohnen in Japan.（3種類の訳を書いてみましょう）

   Übung 1を参考に、sie と Sie の区別に注意しよう

   (1) ____

   (2) ____

   (3) ____

Lektion 2 動詞の現在変化

Übung 1 Ergänzen Sie. （　　）内に当てはまる動詞を入れなさい。

1. Was (　　　　　　) er? — Er (　　　　　　) Psychologie.
   彼は何を専攻しているの？—彼は心理学を専攻しているよ。
2. Kenta (　　　　　　) fleißig Englisch.　健太は一生懸命英語を勉強している。
3. Sie (　　　　　　) gern Wein und Bier.　彼女はワインとビールを飲むのが好きだ。
4. Wo (　　　　　　) ihr? — Wir (　　　　　　) in München.
   君たちはどこに住んでいるの？—僕たちはミュンヘンに住んでいるよ。
5. (　　　　　　) Sie aus England? — Nein, ich (　　　　　　) aus Spanien.
   あなたはイギリスの出身ですか？—いいえ、私はスペインの出身です。

Übung 2 Schreiben Sie. 日本語の文に直しなさい。

-n で終わる不定詞や、語幹の一部が落ちる動詞もある

Guten Tag! Ich heiße Torsten Schmidt. Freut mich! Ich komme aus Deutschland. Jetzt wohne ich in Kyoto. Ich studiere Japanologie. Ich lese gern und ich sammle* gern Jeans. Ich lerne fleißig Japanisch, aber ich finde es sehr schwer.

jetzt 今	**aber** しかし	**Japanologie** 日本学	**schwer** むずかしい
lesen 読む	**sammeln** 集める	**Freut mich!** よろしく！	

Übung 3 Schreiben Sie. 日本語をドイツ語に直しなさい。

1. 君はオーストリア（Österreich）を美しいと思うかい？
2. マリアは懸命に勉強しているよ。
3. どうして（warum）君はひとりで（allein）座っているの？
4. 彼女はいつも笑っている（lächeln*）し、君も（auch）いつも笑っているね。

* **sammeln, lächeln**：-eln,-ern で終わる動詞は、主語が ich の場合、語中の -e- が落ちることがよくある。（ich sammle, ich lächle）

Lektion 3 不規則な動詞の現在変化

発展編

03/27

Übung 1 Ergänzen Sie. 表の空欄を埋めなさい。

	nehmen 取る、食べる	treten 踏む、歩む	halten 持っている、止まる
ich			
du	n_mmst	tr_ttst	h_ltst
er/sie/es	n_mmt	tr_tt	h_lt
wir			
ihr			
sie/Sie			

子音が変化する動詞や、音調上の変化をする動詞もある

Übung 2 Ergänzen Sie. （ ）内に当てはまる動詞を入れなさい。

1. Er (　　　　　) gut Motorrad. 彼はバイクを運転するのが上手い。
2. (　　　　　) du Hunger? — Ja, ich (　　　　　) Hunger.
   君はお腹が空いている？ — うん、僕はお腹が空いているよ。
3. Sie (　　　　　) morgen Freunde. 彼女は明日、友達に会う。
4. Da (　　　　　) ein Auto. そこに車が一台止まっている。
5. (　　　　　) Herr Meier ein Taxi?
   マイヤーさんはタクシーを使うの？（nehmen「取る」を使って）
6. Thomas (　　　　　) neben Anna. トーマスがアンナの傍らへ歩み寄る。
7. Was (　　　　　) du? （レストランで）何にする？

Übung 3 Schreiben Sie. 日本語をドイツ語に直しなさい。

1. 君は毎日アンナを手伝っているの？

2. 彼女はいつもよく眠る。彼女は錠剤（Tabletten）を服用している（nehmen）んだ。

3. マーティンは明日ベアーテに会う（sehen）*。

4. 君は何を食べるのが好き？

* **sehen** と **treffen**：sehen は約束して会う場合に用いられるのに対して、treffen は偶然に出会うような場合にも使うことができる。

Lektion 4 名詞の性・格と冠詞

Übung 1 Ergänzen Sie. 下線部に定冠詞または不定冠詞を入れなさい。

1. Michael kauft ______________ Kugelschreiber und ______________ Heft.
   ミヒャエルはボールペンとノートを買う。
2. Herr Schmidt zeigt ______________ Frau ______________ Auto.
   シュミットさんはその女性にその車を見せる。
3. ______________ Katze ______________ Kindes ist sehr klein.
   その子供の猫はとても小さい。
4. Petra kocht ______________ Lehrer Kaffee. ペートラはその先生にコーヒーを淹れる。
5. Die Mutter wäscht ______________ Kind die Hände. その母親は子供の手＊を洗う。
   ＊所有の3格：ある行為や出来事が及ぶ対象物を所有している人を示す。

Übung 2 Schreiben Sie. 日本語をドイツ語に直しなさい。

1. あなたはお母さんを手伝っていますか？

   ____
2. その女性の車はとても新しい。

   ____
3. その問題（*f.* Frage）はその子供には難しい（schwierig）。

   ____
4. 彼は一日中（den ganzen Tag）その本を読んでいる。

   ____
5. その生徒（*m.* Schüler）の母親は美しい。

   ____

2格の男性名詞・中性名詞は -(e)s が付く

Übung 3 Schreiben Sie. ドイツ語を日本語に直しなさい。

1. Da ist ein Kind. Ich kaufe dem Kind eine CD.

   ____
2. Die Hände der Frau sind sehr schön.

   ____
3. Die Mutter und der Vater schenken dem Kind einen Kugelschreiber.

   ____
4. Schickst du heute der Mutter eine E-Mail? ▶schicken 送る

   ____

Lektion 5 人称代名詞

Übung 1 Schreiben Sie. 日本語をドイツ語に直しなさい。

1. ここに一人のジャーナリスト（*m.* Journalist）が暮らしている（leben）。私は彼をおしゃれだと思う。

2. 彼は私のことを知っている（kennen）。

3. 君がペートラにそのスカートをプレゼントするのかい？
 — いいや、アンナが彼女にこれをプレゼントするのさ。

4. そのシャツはとてもお買得（preiswert）だ。君は（そのシャツを）どう思う？

5. 君たちはそのコートが気に入っているの？

Übung 2 Schreiben Sie. ドイツ語を日本語に直しなさい。

1. Jetzt trage ich das Gepäck. Alex hilft mir. ▶Gepäck 荷物

2. Bleibt er noch da? ▶bleiben 滞在する、とどまっている noch まだ

3. Das Radio ist kaputt. Er repariert es. ▶Radio ラジオ kaputt 壊れている reparieren 修理する

4. Der Mann ist ihrer nicht würdig. ▶$\sim^2$ würdig sein $\sim^2$にふさわしい、値する

【人称代名詞2格】 特定の言い回しや表現にのみ残る。所有を表す場合は、所有代名詞を用いる（L6参照）。

1格	ich	du	er	sie	es	wir	ihr	sie/Sie
2格	meiner	deiner	seiner	ihrer	seiner	unser	euer	ihrer/Ihrer

$\sim^2$ wert sein 「$\sim^2$に値する、ふさわしい」

Die Frau ist seiner nicht wert. その女性は彼にはもったいない。

an $\sim^2$ statt 「$\sim^2$の代わりに」

An meiner statt kommt er. 私の代わりに彼が来ます。

Lektion 6 所有代名詞と否定冠詞

Übung 1 Schreiben Sie. 日本語をドイツ語に、ドイツ語を日本語に直しなさい。

所有代名詞は代名詞としても使う

1. これは君のかばん？ — そう、私のよ。

2. 彼女の犬は白い（weiß）が、彼のは黒い（schwarz）。

3. Hast du einen Computer? — Nein, ich habe keinen.

4. Das Haus ist seins, aber das Auto ist meins. ▶*n.* Haus 家

5. Gehört dir das Heft? — Nein, meins ist hier.

【所有代名詞・否定冠詞の名詞的用法】

男性1格 mein → meiner 中性1格・4格 mein → meins

Ist das dein Schirm? — Ja, das ist meiner.

それは君の傘？ — うん、それは私のだ。

Übung 2 Schreiben Sie. 動詞を変化させ、並べ替えて正しい文にしなさい。所有代名詞または否定冠詞は自分で補うこと。

1. 私たちの父には姉がいない。Vater / Schwester / haben / .

2. 私の母にはこのスカートはぴったりだ。Mutter / Rock / passen / der / .

3. 君は車を持っている？ haben / Auto / du / ein / ?
   — いいや、持ってないよ。haben / ich / nein / , / .

4. あそこに君の子供がいる。sein / da / Kind / . 僕の子供はどこだ？ sein / wo / ?

5. これは彼女の鍵じゃない。sein / *m.* Schlüssel / nicht / das / .
   そこに彼女のがある。da / sein / .

発展編

06/27

Lektion 7 名詞の数と格変化

Übung 1 **Ergänzen Sie.** （　　）内にあてはまる名詞を書きなさい。〔　　〕の名詞がある場合は、その名詞を変形しなさい。

1. Seine (　　　　　) wohnen in Berlin.　彼の両親はベルリンに住んでいる。
2. Der Reisepass gehört dem (　　　　　)〔Tourist〕.　▶*m.* Pass (-es/¨-e) パスポート
   そのパスポートは、その旅行者のものだ。
3. Schenkst du deinen (　　　　　) die (　　　　　)〔Wörterbuch〕?
   君は君の友達にそれらの辞書をプレゼントするの？
4. Herr Neumann zeigt dem (　　　　　)〔Polizist〕 ein Foto.
   ノイマンさんはその警官に一枚の写真を見せる。
5. Die (　　　　　) des (　　　　　) sind klein.　その車の窓は小さい。

Übung 2 **Schreiben Sie.** 上記 Übung 1 の2, 4, 5の下線部を複数形に直し、全文を書き変えなさい。

2. ______________________________
4. ______________________________
5. ______________________________

Übung 3 **Schreiben Sie.** 日本語をドイツ語に、ドイツ語を日本語に直しなさい。

1. 彼は200グラム（*n.* Gramm）のバター（*f.* Butter*）を買う。

   ____
2. Die Touristen besuchen die Stadt.　▶*f.* Stadt 町

   ____
3. 彼女はミルク（*f.* Milch）を飲むが、彼女の両親はコーヒーを飲む。

   ____
4. Sie gibt mir immer gleich eine Antwort.　▶gleich すぐに、ただちに　*f.* Antwort 答え

   ____
5. 今日彼女がその書類（*pl.* Papiere）を君に届けてくれる（bringen）よ。

   ____

＊物質名詞：通常は無冠詞単数形で用いるが、種類や特定のものを表す場合は複数形でも用いられる。
また、単位・量を表す名詞が数詞と共に現れる場合は、単数形を用いる。
Die Stadt ist wegen ihrer Weine berühmt.　その町はワインで有名だ。
Er trinkt jeden Tag 3 verschiedene Biere.　彼は毎日3種類のビールを飲みます。
ein Liter Milch (zwei Liter Milch)　1リットル（2リットル）の牛乳

発展編

07/27

Lektion 8 話法の助動詞

Übung 1 Ergänzen Sie. （　）内に当てはまる助動詞を選びなさい。

1. (Wollen/Müssen) wir zusammen einkaufen gehen?　一緒に買い物に行かない？
2. (Mag/Kann) ich dich fotografieren?　君を写真に撮ってもいいかな？
3. Ich (möchte/muss) lachen.　私は笑わずにはいられない。
4. Er (kann/mag) keinen Fisch.*　彼は魚が好きではない。
5. Ich (soll/will) ihn besuchen.　私は彼を訪ねるよう言われている。
6. Unser Zug (kann/möchte) bald kommen.　我々の電車はじきに来るだろう。
7. Er (muss/will) reich sein.　彼は金持ちに違いない。
8. Julia (kann/soll) glücklich sein.　ユーリアは幸せだそうだ。

* 本動詞としての助動詞の使用：mögen 以外にも、主に本動詞の意味が明白である場合に、本動詞が省略され、話法の助動詞が本動詞として用いられることがある。
Er kann gut Deutsch.　彼はドイツ語がよくできる。
Ich muss bald nach Hause.　私はもうすぐ家に帰らねばならない。

Übung 2 Übersetzen Sie. ドイツ語を日本語に直しなさい。

1. Wir machen heute eine Party. Kannst du auch kommen?　▶*f.* Party パーティー

2. Wann soll ich Sie besuchen?　▶wann いつ

3. Meine Freundin will dich sehen.

4. Sie mag kein Bier.

Übung 3 Schreiben Sie. 日本語をドイツ語に直しなさい。

1. 彼女は明日京都へ行くよう言われている。

2. その本を僕に買ってくれる？僕の弟が読みたがっているんだ。

3. 今日は何をするつもりだい？ — 私は私の弟を訪ねるつもりさ。

4. 彼のお父さんは病気に違いない。

Lektion 9 語順と疑問詞

Übung 1 Übersetzen Sie. ドイツ語を日本語に直しなさい。

1. Was für eine schöne Frau!*

2. Wohin willst du gehen?

3. Morgens fahre ich nach Berlin mit dem Zug. ▶morgens 朝に

4. In Japan isst man oft Reis.*

* 感嘆文に使われる疑問詞：wie, welch, was für ein, welch ein など、感嘆文を作ることができ、動詞が後置されることがある。
Wie schön ist das Wetter! / Wie schön das Wetter ist!　なんていい天気だ！
Was für ein Lärm!　なんてうるさいんだ！

* 一般の人を表す man は、文中に置かれることが多い。

Übung 2 Schreiben Sie. 日本語をドイツ語に直しなさい。

1. 彼はいつもペーターと家で（zu Hause）勉強している。*

2. 君がときどき（manchmal）誰を手伝っているのか、私は知りたい。

3. ドイツでは、ビールをよく飲む。

4. 昼に（mittags）、彼女は家にいる（zu Hause sein）。

5. どんなスーツ（*m.* Anzug）をお探しですか？

* 動詞以外の語順：ドイツ語では、基本的に重要なもの、動詞と結びつきの強いものほど後ろへ置かれるという傾向がある。そのため、基本的な語順は**主語→動詞→時→理由→方法・様子→場所**のようになる。目的語は基本的に文中だが、代名詞の目的語は前へ、動詞と熟語的な関係にある目的語や、前置詞のついた目的語は後ろへ向かう傾向がある。
Er spielt jeden Tag mit Julia im Park Tennis.　彼は毎日ユーリアと公園でテニスをしている。
Er spielt sehr gut Klavier.　彼はとても上手にピアノを弾く。
Sie wartet immer im Park auf ihren Freund.　彼女はいつも公園でボーイフレンドを待っている。

Lektion 10 指示代名詞

Übung 1 Übersetzen Sie. ドイツ語を日本語に直しなさい。

1. Dieser Fluss ist lang. ▶*m.* Fluss 川 lang 長い

2. Das sind Lisa und Amelie. Diese studiert Medizin, jene studiert Mathematik. ▶Medizin 医学

3. Sagt er immer solches? ▶sagen 言う

4. Ich wohne seit jenem Tag in ein und demselben Haus.* ▶seit ～[3] ～以来

5. Mein Zimmer ist sehr bequem, aber dasjenige meines Bruders ist eng.*
   ▶bequem 快適な eng 狭い

6. Ich und du meinen immer dasselbe. ▶meinen 考える

* **derselbe**「同一の（人・物）」: 前の部分（der-）は定冠詞の格変化、後ろの部分（-jenige）は形容詞の弱変化と同様の変化をする。ein und derselbe のような形で現れることもある。
Sie ist immer dieselbe. 彼女は相変わらずだ。
Anna spricht jeden Tag mit ein und demselben/derselben.（ein は無変化）
　アンナは毎日同じ人と話している。

* **derjenige**「それ」（冠詞的・名詞的）: 格変化は derselbe と同様。指示代名詞 der よりも指示性が強くなる。
Meine Meinung ist auch diejenige meiner Frau. 私の考えは、妻の考えでもある。

Übung 2 Schreiben Sie. 日本語をドイツ語に直しなさい。

1. このチーズ（*m.* Käse）はスイス産ですが、あちらはイタリア（Italien）産です。

2. 今月、彼はあの計画（*m.* Plan）を実行する（ausführen）つもりだ。

3. 彼女の妹は、昨日（gestern）と同じセーターを着ている（tragen）。

4. 私の妻と私の息子（*m.* Sohn）の妻はよく一緒に買い物に行く。

5. この店員（*m.* Verkäufer）は、昨日と同じ人だ。

Lektion 11 不定代名詞

Übung 1 Übersetzen Sie. ドイツ語を日本語に直しなさい。

1. Viel Spaß!* ▶*m.* Spaß 楽しみ

2. Maria kann nicht tanzen. Eine andere tanzt diesmal. ▶tanzen 踊る diesmal 今度

3. Viele Japaner wohnen in Düsseldorf.

4. Was machst du heute? — Ich sehe einige Filme. ▶*m.* Film（-e）映画

* **andere** 他の、**viele** 多くの、**einige** 幾つかの：複数で用いられることが多く、語尾変化は形容詞と同様。anderes, einiges, vieles など、中性単数として用いられる場合もある。
Haben Sie noch andere Fragen? 他の質問はありますか？
Viele Touristen besuchen die Insel. 多くの観光客がその島を訪れる。
Er kann vieles nicht verstehen. 彼は多くのことを理解できない。
Das erklärt vielleicht einiges. これで少しは説明がつくだろう。

Übung 2 Ergänzen Sie. 下線部に不定代名詞を入れなさい。

1. Ich kann nicht ______________ . 私としてはこうする他ない（他のことができない）。
2. Wochenendreisen sind bei ______________ Menschen sehr beliebt.
   週末旅行は多くの人に人気です。 ▶bei ～³ beliebt sein ～³に人気のある
3. Ich bin ______________ Meinung. ▶der Meinung² sein ～という意見である
   私は違う意見です。
4. Da sind ______________ Bücher. そこに何冊か本がある。

Übung 3 Schreiben Sie. 日本語をドイツ語に直しなさい。

1. 彼は毎日フランス語（Französisch）を学んでいる。

2. それはどういう意味ですか（bedeuten）？ 誰かわかりますか？

3. 何も食べたくない。

4. 私たちのうちの（von ～³）多くは一つの外国語（f. Fremdsprache）を話します。

Lektion 12 形容詞の格変化

Übung 1 Ergänzen Sie. 下線部に冠詞類または所有代名詞と形容詞を入れなさい。

1. Wo ist ________________ Feuerzeug? ▶*n.* Feuerzeug ライター
   私の古いライターはどこ？
2. Sie ist wirklich ________________ Freundin.
   彼女は本当に優しい友達です。
3. Er liebt ________________ Mädchen. 彼はその小さな少女を愛しています。
4. Er isst gerne ____________ Äpfel. ▶*m.* Apfel（*pl.* ¨e）リンゴ
   彼は酸っぱい（sauer）リンゴを食べるのが好きです。
5. In München gibt es ____________ Häuser. ▶es gibt ～[4] ～がいる、ある
   ミュンヘンには素敵な（schön）家がある。

Übung 2 Deklinieren Sie. 格変化させなさい。

	その病人（男）	ドイツ人（女）
1格	der Kranke	eine Deutsche
2格		
3格		
4格		

【形容詞の名詞化】 後続の名詞を省略し、形容詞を大文字にして名詞化する。

eine **b**ekannte ~~**Frau**~~ ⇒ eine **B**ekannte ある知り合い（女の人）
ein **b**ekannter ~~**Mann**~~ ⇒ ein **B**ekannter ある知り合い（男の人）
die **b**ekannte ~~**Frau**~~ ⇒ die **B**ekannte 知り合い（女の人）
der **b**ekannte ~~**Mann**~~ ⇒ der **B**ekannte 知り合い（男の人）

Übung 3 Schreiben Sie. 日本語をドイツ語に直しなさい。

1. 私の古い電話（*n.* Telefon）を探しています。

   ____

2. その小さな少女はとても可愛い。

   ____

3. 彼はその酸っぱいリンゴ（複数）を食べている。

   ____

4. 彼女はあるドイツ人（男性）にその赤い（rot）万年筆（*m.* Füller）を贈る。

   ____

5. 私は娘（*f.* Tochter）に何かおいしい（lecker）ものを買ってあげたい。

   ____

Lektion 13 形容詞の比較変化

Übung 1 Übersetzen Sie. ドイツ語を日本語に直しなさい。

1. Das neue Buch ist dicker als das alte.

2. Ich trinke am liebsten Orangensaft.

3. Der fleißigste Student in der Klasse kommt nie zu spät. ▶spät 遅れた

4. Das Fleisch hier ist viel teurer als im Supermarkt.

5. Sie isst viel und wird dicker und dicker.

6. Je größer der Mond ist, desto heller ist die Nacht. ▶*m.* Mond 月　hell 明るい

Übung 2 Schreiben Sie. 日本語をドイツ語に直しなさい。

1. 彼女はクラスで一番美しい。

2. アンナはマリより面白い。

3. この新しい本は古いのと同じくらい興味深い。

4. この白い家は赤い家より値段が高い。

5. 冬（*m.* Winter）が寒ければ寒いほど、夏は暑く（heiß）なる。

Übung 3 Übersetzen Sie. 日本語をドイツ語に直しなさい。

1. 私の父は私の母より８歳年上です。私は弟が一人います。彼はトムという名前で、私より２歳年下です。私の姉はマリアという名前で、トムより４歳年上です。トムは一番年下ですが、たくさん食べるので、どんどん大きくなります。

2. 日本はドイツより大きく、ドイツよりもたくさんの人が住んでいます。ドイツには素敵な都市がたくさんあります。

Lektion 14 前置詞

Übung 1 Ergänzen Sie. （　）内に当てはまる言葉を入れなさい。

1. Sein Onkel kauft jeden Morgen (　　　　　) Kiosk Zeitschriften. ▶*m.* Kiosk キオスク
   彼のおじさんは毎朝キオスクで雑誌を買う。
2. Ich gehe mal kurz (　　　　　) (　　　　　) Toilette. ▶*f.* Toilette トイレ
   ちょっとトイレに行ってきます。
3. Das hängt von (　　　　　) ab. ▶von ～^{3} abhängen ～による、～次第だ（分離動詞、L19参照）
   それは君次第だよ。
4. Du solltest sie mit (　　　　　) nicht vergleichen. ▶mit ～^{3} vergleichen ～と比較する
   彼女と彼を比較しちゃいけないよ。
5. Denk nicht immer nur (　　　　　) dich selbst!
   自分のことばかり考えないでよ！

Übung 2 Übersetzen Sie. ドイツ語を日本語に直しなさい。

1. Wegen der Krankheit kann er heute nicht kommen. ▶*f.* Krankheit 病気

2. Ohne Geld kann man nicht leben.

3. Ich halte es für richtig. ▶für… ～^{4} halten ～を…と思う　richtig 正しい

4. Spielt ihr heute Fußball? — Das hängt vom Wetter ab.

5. Aus Kindern werden Leute.

Übung 3 Übersetzen Sie. 日本語をドイツ語に直しなさい。

1. 鏡（*m.* Spiegel）の前に立ちます（stehen）。

2. この夏は私はスイスに住んでいます。

3. 私は机を壁と冷蔵庫（*m.* Kühlschrank）の間に置きます（stellen）。

4. あなたを待っています。

Lektion 15 数詞

Übung 1 Antworten Sie. ドイツ語で答えなさい。

1. dreihundertfünfundvierzig minus dreihundertvierzig ist... ______
2. Wie spät ist es? (9.30 Uhr) ______
3. Das ______ Jahrhundert 20世紀
4. 1 1/2 ______
5. 9/10 ______
6. 初恋 ______ ▶*f.* Liebe 恋愛
7. Der ______ Mann 第三の男（イギリスの映画）
8. 409,296 ______

Übung 2 Übersetzen Sie. ドイツ語を日本語に直しなさい。

1. Wie spät ist es? — Es ist Viertel nach drei nachmittags.

______

2. Es ist kalt! — Ja, es sind minus vierzehn Grad. ▶*m.* Grad ～度

______

3. Es ist schon fünf vor halb zehn!!

______

4. Liebe auf den ersten Blick ! ▶*m.* Blick 眺め

______

5. Der dreiundzwanzigste Februar ist ein Feiertag. ▶*m.* Feiertag 祝日

______

Übung 3 Schreiben Sie. 日本語をドイツ語に直しなさい。

1. 第一印象（*m.* Eindruck）はとても重要（wichtig）です。

______

2. 私は1975年6月（Juni）16日に生まれました。

______

3. それはおいくらですか？ — 13€85です。

______

4. 5月（Mai）14日に君をパーティーに招待（einladen）したい。

______

5. 午後（nachmittags）7時35分です。

______

Lektion 16 接続詞

Übung 1 Übersetzen Sie. ドイツ語を日本語に直しなさい。

1. Ich muss meine Familie ernähren, deshalb arbeite ich viel. ▶ernähren 養う

2. Es ist heiß, trozdem trägt er eine Pelzjacke. ▶*f.* Pelzjacke 革のジャンパー

3. Er sagt, dass es ihm jetzt viel besser geht, aber er ist sehr blass. ▶blass（顔色が）悪い

4. Sag mir Bescheid, wenn du kommst! ▶Bescheid sagen 知らせる

5. Obwohl er viel Geld hat, ist er nicht glücklich, weil sie ihm fehlt.

Übung 2 Schreiben Sie. 日本語をドイツ語に直しなさい。

1. 彼は忘れっぽい（leicht vergessen）のでいつもメモをとっている（Notizen machen）。

2. 彼女は新しい小説が欲しいので本屋に行く。（並列の接続詞を使って）

3. ティムはお金がないにも関わらず車を買う。

Übung 3 Schreiben Sie. (Es gibt mehrere Möglichkeiten.) 日本語をドイツ語に直しなさい。（複数解答可）

1. 彼女はたくさん食べるにも関わらず、細い。

2. 彼は雨が降っているので家にいる。

3. 彼女が来られないのは残念（schade）だ。

Lektion 17 動詞の三基本形と過去変化

Übung 1 Übersetzen Sie. ドイツ語を日本語に直しなさい。

1. Ich habe ein Bild an die Wand gehängt.
   ▶*f.* hängen（自）掛かっている、（他）掛ける

2. Ein Bild hat an der Wand gehangen.

3. Ich habe die Weinflasche auf den Tisch gestellt. ▶*f.* Flasche 瓶

4. Die Weinflasche hat auf dem Tisch gestanden.

【他動詞と自動詞】下記の動詞は、他動詞は規則変化、自動詞は不規則変化である。3・4格支配の前置詞と共に用いる場合、他動詞は4格と、自動詞は3格と現れる。

hängen	「掛《か》ける」（他動詞）	三基本形：hängen － hängte － gehängt
	「掛《か》かっている」（自動詞）	三基本形：hängen － hing － gehangen
legen	「横たえる」（他動詞）	三基本形：legen － legte － gelegt
liegen	「横たわっている」（自動詞）	三基本形：liegen － lag － gelegen
stellen	「立たせて置く」（他動詞）	三基本形：stellen － stellte － gestellt
stehen	「立って置いてある」（自動詞）	三基本形：stehen － stand － gestanden
setzen	「座らせる」（他動詞）	三基本形：setzen － setzte － gesetzt
sitzen	「座っている」（自動詞）	三基本形：sitzen － saß － gesessen

現在完了は過去分詞を文末に（L20 参照）

Übung 2 Schreiben Sie. 日本語をドイツ語に直しなさい。

1. 私は本をベッドの上に置いた。
   Ich habe ________________
2. その本はベッドの上に置いてあった。
   Das Buch hat ________________
3. 私は子供を子供用のイス（*m.* Kinderstuhl）に座らせた。
   Ich habe ________________
4. 私の子供は子供用のイスに座っていた。
   Mein Kind hat ________________
5. 彼はその絵を壁に掛けた。

6. その絵は壁に掛かっていた。

Lektion 18 再帰代名詞と再帰動詞

Übung 1 Ergänzen Sie. 下線部に適切な再帰代名詞を入れなさい。

Stefan: Entschuldigung... Du bist Jan, oder?

Jan: Ja... Oh, bist du Stefan?

S: Genau! Wir haben ______________ lange nicht gesehen.

J: Ja, genau. Wie lange ist es schon her, seit wir ______________ das letzte Mal gesehen haben?

S: Ich glaube, es ist schon 2 Jahre her... Na? Wie geht's dir? Läuft alles gut?

J: Na ja, nicht super, aber es geht... Oh, hier gibt es noch einen Platz. Setz* ______________ !

S: Danke... Dieses Restaurant erinnert ______________ an meine Schulzeit...

J: Ja, deswegen komme ich gerne her.

S: (*Handy klingelt*) Oh, nein! Ich muss los. Ich habe ______________ mit meinen Kollegen verabredet*! Können wir ______________ wieder treffen?

J: Ja, klar! Wann hast du Zeit und wo treffen wir ______________ ?

S: Sonntags habe ich immer Zeit. Dort in der Schillerstraße befindet* ______________ ein gutes Restaurant. Ich lade dich ein!

J: Danke! Dann... bis Sonntag!

S: Tschüs!

* **Setz...!**：setzen の命令形（L22参照）

* **sich^4 verabreden** + **mit** ~^{3}：～と会う約束をする

* **sich^4 befinden**：（～に）ある、いる

Übung 2 Übersetzen Sie. ドイツ語を日本語に直しなさい。

1. Thomas hat sich mit Maria verabredet, zusammen ins Kino zu gehen.
   ▶zusammen...zu gehen ～すること（zu 不定詞、L26参照）

   ____

2. Möchtet ihr euch um diese Stelle bewerben? ▶sich^4 bewerben 応募する *f.* Stelle ポスト

   ____

3. Wie soll ich mich verhalten? ▶sich^4 verhalten 振舞う

   ____

Übung 3 Schreiben Sie. 日本語をドイツ語に直しなさい。

1. 電車は10分（*pl.* Minuten）遅れ（sich verspäten）です。

   ____

2. 自己紹介してくれる？

   ____

3. 彼はひげ（*m.* Bart）をそる（sich^3 rasieren）。

   ____

4. 君たちはどこで会うつもり？

   ____

Lektion 19 分離動詞と非分離動詞

Übung 1 Schreiben Sie. 日本語をドイツ語に直しなさい。

1. 今日はとても素敵に見える（aussehen）ね。

2. 彼が私をパーティーに（auf ～^{4} / zu ～^{3}）招待してくれる。

3. 僕は君にこの本を薦めるよ（empfehlen）。

4. 日曜日に何か予定はありますか（vorhaben）？

5. この電車は時間通りにミュンヘンに到着する（ankommen）。

【分離・非分離動詞】 分離・非分離前綴り＋基礎動詞
〔分離・非分離前綴り〕durch-, über-, unter-, wieder- など
Ich hole mir meine Sachen wieder.　自分のものを取り戻します。
Ich wiederhole die trennbaren Verben.　私は分離動詞を復習します。
＊分離する場合は分離前綴りにアクセントが置かれ、分離しない場合は非分離前綴りにはアクセントは置かれない。

Übung 2 Übersetzen Sie. ドイツ語を日本語に直しなさい。

1. Achtung! Der Zug fährt durch!　▶*f.* Achtung 注意　durch|fahren 通過する

2. Herr und Frau Schmidt durchfahren ganz Europa.　▶durchfahren 周遊する

3. Der Fährmann hat uns an das andere Ufer übergesetzt.
▶*m.* Fährmann 渡し守　*n.* Ufer 岸　über|setzen（向こうへ）渡す

4. Er hat diesen Satz übersetzt.　▶*m.* Satz 文　übersetzen 翻訳する

5. Er fährt die Ampel um.　▶um|fahren 倒して走る

6. Er umfährt die Ampel.　▶umfahren（障害などを）迂回する

Lektion 20 完了形

Übung 1 Übersetzen Sie. ドイツ語を日本語に直しなさい。

1. Sind Sie einmal in Frankreich gewesen?

2. Meine Eltern können noch im Kino gewesen.

3. Morgen wird sie die Arbeit vollendet haben. （未来完了形） ▶vollenden 完成する

4. Sein Kollege hat den bekannten Fußballspieler bereits gekannt. ▶bereits すでに gekannt < kennen

【未来完了形】 未来のある時点で完了している出来事、または過去の推量を表す。
Ich werde bis morgen das Buch gelesen haben. 私は明日までに本を読み終えるだろう。
Sie wird schon nach Hause gegangen sein. 彼女はもう家に帰っただろう。

Übung 2 Schreiben Sie. 日本語をドイツ語に直しなさい。

1. 私はハンブルクに到着した。

2. 彼は洗濯物を洗った後、椅子に座った。

3. 一週間後には、私は全ての本を読んでいるでしょう。

4. 彼女は誕生日カード（*f.* Geburtstagskarte）を送った（senden）かもしれない。（答えは二通り）

Übung 3 Schreiben Sie. 以下の文を、現在完了、過去完了、未来完了にしなさい。

1. Du leihst seiner jüngeren Schwester einen Kugelschreiber. ▶leihen 貸す
君は彼の妹にボールペンを貸す。

2. Der Schweizer nimmt an der Veranstaltung teil. ▶*f.* Veranstaltung 催し、行事
そのスイス人はその催し物に参加する。

Lektion 21 関係文

Übung 1 Übersetzen Sie. ドイツ語を日本語に直しなさい。

1. Die Angestellte, die auf Reisen ist, hat gestern eine kleine Karte gekauft.
   ▶auf Reisen sein 旅行中である *f.* Angestellte（形容詞の名詞化、発展編 L12参照） *f.* Karte カード
2. Der Fußballspieler, dessen Sohn lieb zu meiner Tochter ist, isst gern Pizza.
   ▶lieb かわいい、優しい
3. Ich kaufe nur Bücher, die ich wirklich brauche.
4. Das ist das Schönste, was ich je gesehen habe. ▶je 今まで
5. Wer den Inhalt des Textes nicht versteht, soll die Hand heben. ▶heben 挙げる *m.* Inhalt 内容
6. Er besucht die Stadt, wo seine Freundin geboren ist.*

* 関係副詞：先行詞が時や場所の場合、前置詞＋定関係代名詞の代わりに関係副詞 wo を用いる。

Übung 2 Schreiben Sie. 日本語をドイツ語に直しなさい。

1. 彼女の両親が住んでいる家はとても居心地が良い（gemütlich）。
2. 彼が電話で話をしている従業員（男）は哲学（*f.* Philosophie）を勉強した。
3. 大学での勉学（*n.* Studium）の後は、やりたいことをやっていい。
4. 君がさっき（vorhin）いっしょに踊っていた、あの女の子は誰だ？
5. 私は必要なものは全て持っている。

Übung 3 Schreiben Sie. 関係副詞を用いて、日本語をドイツ語に直しなさい。

1. 私がそのカードを買った村は北にあります。
2. 彼女が一日中（den ganzen Tag）働いていた日、彼は旅行していた。
3. 君たちは休む（sich ausruhen）ことのできる部屋を探しているの？

Lektion 22 命令法

Übung 1 Schreiben Sie. ドイツ語を日本語に、日本語をドイツ語に直しなさい。

1. Zahlen Sie bitte an der Kasse! ▶zahlen 払う *f.* Kasse レジ

2. Mach das Badezimmer sauber! ▶*n.* Badezimmer 風呂場 sauber 清潔な

3. 私の同僚も招待して下さい。

4. （du に対して）図書館に行って！

5. （ihr に対して）カツレツ（*n.* Schnitzel）を食べて！

Übung 2 Zeigen Sie den Weg zum Museum. 博物館への道案内をしなさい。

①以下の（　　　）を埋めましょう。

A: Entschuldigung, wie komme ich zum Museum?
すみません、博物館にはどうやって行くのですか？

B: Das ist ganz einfach. (　　　) Sie diese Straße geradeaus. Danach biegen (　　　) an der zweiten Kreuzung nach links ab. Dann sehen Sie auf der rechten Seite das Museum.
とても簡単ですよ。この通りをまっすぐ進んでください。その後、二番目の交差点を左に曲がってください。そうすると、右手に博物館が見えます。

A: Vielen Dank! Wie lange dauert es zu Fuß?
ありがとうございます！歩いてどれぐらいですか？

B: Ungefähr fünf Minuten.
五分ぐらいです。

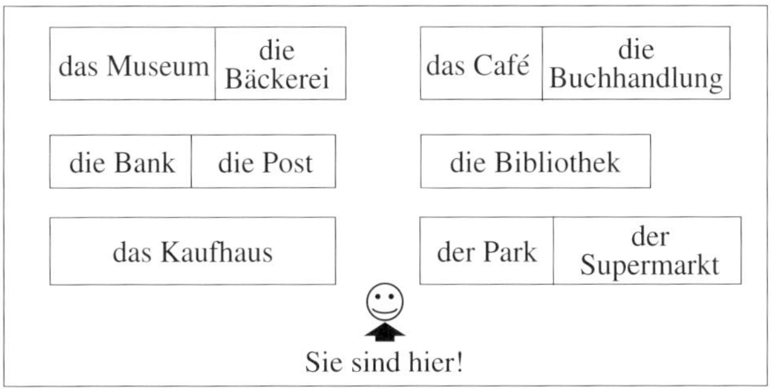

▶ab|biegen 曲がる
f. Kreuzung 交差点
dauern（主語 es）続く、かかる
zu Fuß 徒歩で
ungefähr ほぼ、約
f. Bank 銀行

②同じ内容を du と ihr に対して説明してみましょう。 ▶nach rechts/links 右へ／左へ
auf der rechten/linken Seite 右手に／左手に

③他の建物の場所もそれぞれ説明してみましょう。

Lektion 23 否定

Übung 1 Übersetzen Sie. ドイツ語を日本語に直しなさい。

1. Es ist noch nicht sicher, ob wir heute in die Oper gehen. ▶*f.* Oper オペラ

2. In Japan gibt man im Allgemeinen kein Trinkgeld.
   ▶im Allgemeinen 普通 *n.* Trinkgeld チップ

3. Er ist niemals auf der Autobahn gefahren. ▶niemals 一度も〜ない *f.* Autobahn 高速道路、アウトバーン

4. Meine Tochter hat noch nie mit Kreditkarte bezahlt. ▶bezahlen 支払う

5. Sie kauft weder Eier noch Erdbeeren.
   ▶weder...noch... 〜も〜もない *n.* Ei（*pl.* -er）卵 *f.* Erdbeere（*pl.* -n）イチゴ

6. Du hast keineswegs Recht. ▶keineswegs 決して〜ない *n.* Recht 正当性

7. Es ist niemand da. ▶niemand 誰も〜ない

Übung 2 Ergänzen Sie. （ ）に当てはまる語を、下から選びなさい。

【nie niemand niemals noch keineswegs weder】

1. Er studiert（　　　　）Medizin（　　　　）Technik.
   彼は医学を勉強しているのでも工学を勉強しているのでもない。
2. Mein Vater hat（　　　　）seine Großmutter gesehen.
   私の父は自分の祖母に会ったことが一度もない。
3. （　　　　）weiß es. 誰もそれを知らない。
4. Davon habe ich（　　　　）gehört. そのことについて聞いたことは一度もない。
5. Ist der Film langweilig? —（　　　　）！ 映画はつまらないですか？—全然！

Übung 3 Schreiben Sie. 日本語をドイツ語に直しなさい。

1. 彼はテレビ（*m.* Fernseher）を持っていない。

2. わかりません！（*f.* Ahnung）

3. 彼女はドイツへ旅行するつもりはない。

4. 今日は誰にも会いたくない。

Lektion 24 受動態

Übung 1 Schreiben Sie. 次の現在形の文を、受動態にして全ての時制で書きなさい。

Meine Schwester spült das Geschirr. 姉が食器を洗う。 ▶spülen 洗う、すすぐ

〔現在〕

〔過去〕

〔現在完了〕

〔過去完了〕

〔未来〕

〔未来完了〕

Übung 2 Übersetzen Sie. ドイツ語を日本語に直しなさい。

1. Ihr seid von eurem Chef gelobt worden.

2. Das Gemüse ist im Zentrum des Marktes verkauft worden. ▶*n.* Zentrum 中心

3. Der Studentenausweis wurde gestohlen und niemals gefunden. ▶gefunden < finden

4. Hier wird man gut bedient. ▶bedienen 客の応対をする、給仕する

5. Es kann bewiesen werden. ▶bewiesen < beweisen 証明する

Übung 3 Schreiben Sie. 日本語をドイツ語に直しなさい。

1. 彼らは新鮮な玉ねぎがスーパーで売られていることを知らない。

2. 私の祖父は助けを受ける。

3. 学校（*f.* Schule）では一日中パーティーをした（祝われた）。

4. 君たちには何も説明されなかった。

5. 美術館はすでに（bereits）閉まっていた。

6. ここは駐車禁止です。

Lektion 25 分詞

Übung 1 Übersetzen Sie. ドイツ語を日本語に直しなさい。

1. Ich brauche eine gewaschene Bluse.

2. Die von meinem Lehrer gezeichnete Skizze hängt an der Wand.

3. Anders formuliert war es ein überraschendes Ergebnis. ▶*n.* Ergebnis 結果

4. Das in München veranstaltete Konzert war sehr schön.

Übung 2 Schreiben Sie um. 下線部を関係文に書き直しなさい。

1. Der Polizist sitzt vor dem geöffneten Fenster. 警官は開けられた窓の前に座っている。
   ⇒

2. Sie haben einen mit Suppe gefüllten Topf mitgebracht. ▶gefüllt < füllen 満たす
   彼らはスープでいっぱいの深鍋を持ってきた。
   ⇒

3. Der vom Lehrer gelobte Student setzt sich an den Tisch.
   先生に褒められた学生は机に向かって座る。
   ⇒

Übung 3 Schreiben Sie. 日本語をドイツ語に直しなさい。

1. 君たちはすばらしく上手にドイツ語を話します。(「すばらしく上手に」は分詞)

2. 次の月曜日は、妹と映画を観に行きます。

3. 簡潔に言うと、昼食には焼いた（braten）ソーセージ（*pl.* Würste）を食べました。

4. 私の兄は掃除された（putzen）部屋が居心地良いと感じている。

5. イタリアには機能している（funktionieren）自動販売機（*m.* Automat）がない。

6. 磨いた歯（*pl.* Zähne）はきれいに見える。

発展編 25/27

Lektion 26 不定詞

Übung 1 Übersetzen Sie. ドイツ語を日本語に直しなさい。

1. In erster Linie ist es wichtig, in Japan Sushi zu essen.
   ▶in erster Linie まず第一に

2. Am Ende der Woche gehen wir angeln, um uns zu entspannen.
   ▶*n.* Ende 終わり　angeln 釣りをする　sich[4] entspannen くつろぐ

3. Es war kalt genug, um zu schneien.　▶schneien 雪が降る

4. Die alten Bücher sind zu verkaufen.　▶sein + zu 不定詞 ～され得る、～されねばならない

5. Ihr habt im Internet Informationen zu suchen.
   ▶haben + zu 不定詞 ～しなければならない　*f.* Information (*pl.* -en) 情報

Übung 2 Ergänzen Sie. (　　) 内に当てはまる語を入れなさい。

1. Mein Vater hat mit dir (　　　　　) reden.　私の父は君に話がある。
2. Das (　　　　　) schwer zu antworten.　それは答えるのが難しい。
3. Der Pflanze (　　　　　) Wasser zu geben.　植物に水をやらねばならない。
4. Du (　　　　　) fleißig Deutsch zu lernen.
   君はドイツ語を一生懸命勉強しなければならない。
5. Das Problem (　　　　　) zu diskutieren.　その問題について議論されねばならない。

Übung 3 Schreiben Sie. 日本語をドイツ語に直しなさい。

1. 彼は航空券を買うのを忘れた。

2. その試験に合格したことは、彼にとって決定的だった。

3. 君はチップを渡さずに、店（*m.* Laden）を出る。

4. 君は朝食を用意する必要はありません。

5. 彼にとっては、船で行くのは退屈（langweilig）だった。

6. 部屋は掃除されねばならない。

Lektion 27 接続法

Übung 1 Ergänzen Sie. （　）内の動詞を接続法Ⅱ式にしなさい。

1. Ich ______________ (haben) gern eine Tasse Tee.　私はお茶を一杯頂きたいです。
2. Es ______________ (sein) schön, wenn Ihre Tochter hierher kommen ______________ (werden).
   あなたの娘さんがここに来て下さるといいのですが。
3. Es ______________ (werden) mich interessieren, ob das Paket morgen kommt.
   小包が明日来るか興味があります。
4. Ich ______________ (haben) noch eine Frage.　もう一つ質問があるのですが。

【外交的接続法】 接続法Ⅱ式を用いて、丁寧な依頼を表現する。

Ich wäre sehr dankbar, wenn Sie mir die Dokumente schicken könnten.
　書類を私に送ってくださるとありがたいのですが。
Ich hätte gern eine Tasse Kaffee.　コーヒーを一杯頂きたいのですが。
Das wäre sehr nett von dir.　ご親切にどうも。

Übung 2 Schreiben Sie. 以下の文を丁寧な依頼にしなさい。

1. バナナを切る

____

2. 水を一杯もらう

____

Übung 3 Schreiben Sie. 日本語をドイツ語に、ドイツ語を日本語に直しなさい。

1. Wenn das Wetter schön wäre, würden wir eine Wanderung machen.
   ▶*f.* Wanderung ハイキング

____

2. 彼は明日、図書館に行くかと私に尋ねる。

____

3. 戦争がなければいいのだが（es gibt ～）。

____

4. Ohne Wasser gäbe es kein Leben auf der Erde.　▶*n.* Leben 生命　*f.* Erde 地球

____

5. An Ihrer Stelle würde ich offen sagen, dass die Sache für Ihren Sohn zu schwierig sei.
   ▶*f.* Stelle 立場　*f.* Sache 事

____

6. 腕（*m.* Arm）が痛くなかったら、テニスをするのに。

____

付　録

1. 時間帯 *f.* Tageszeit　(日 *m.* Tag)

朝 *m.* Morgen　午前 *m.* Vormittag　昼 *m.* Mittag　午後 *m.* Nachmittag
夕方・晩 *m.* Abend　夜 *f.* Nacht

2. 曜日 *m.* Wochentag　(週 *f.* Woche)

月曜日 Montag　火曜日 Dienstag　水曜日 Mittwoch　木曜日 Donnerstag
金曜日 Freitag　土曜日 Samstag　日曜日 Sonntag　(週末 *n.* Wochenende)

3. 月 *m.* Monat

1月 Januar　2月 Februar　3月 März　4月 April　5月 Mai　6月 Juni　7月 Juli
8月 August　9月 September　10月 Oktober　11月 November　12月 Dezember

4. 季節 *f.* Jahreszeit

春　Frühling　夏　Sommer　秋　Herbst　冬　Winter
＊曜日・月・季節は全て男性名詞。曜日は am、月・季節は im を用いる。

5. 国 *m.* Staat / 国民 *f.* Nation / 言語 *f.* Sprache

ドイツ	Deutschland	Deutscher/Deutsche	Deutsch
オーストリア	Österreich	Österreicher/Österreicherin	Deutsch
スイス	die Schweiz	Schweizer/Schweizerin	Deutsch
フランス	Frankreich	Frazose/Französin	Französisch
イタリア	Italien	Italiener/Italienerin	Italienisch
スペイン	Spanien	Spanier/Spanierin	Spanisch
イギリス	England	Engländer/Engländerin	Englisch
ロシア	Russland	Russe/Russin	Russisch
アメリカ	die USA	Amerikaner/Amerikanerin	Englisch
日本	Japan	Japaner/Japanerin	Japanisch
中国	China	Chinese/Chinesin	Chinesisch
韓国	Korea	Koreaner/Koreanerin	Koreanisch

6. 職業 *m.* Beruf

大学生 Student/Studentin　生徒 Schüler/Schülerin　先生 Lehrer/Lehrerin
医者 Arzt/Ärztin　政治家 Politiker/Politikerin　教授 Professor/Professorin
ジャーナリスト Journalist/Journalistin　ウェイター・ウェイトレス Kellner/Kellnerin
俳優 Schauspieler/Schauspielerin　兵士 Soldat/Soldatin　警官 Polizist/Polizistin
画家 Maler/Malerin　主夫・主婦 Hausmann/Hausfrau　店員 Verkäufer/Verkäuferin
従業員 Angestellter/Angestellte　公務員 Beamter/Beamte
＊従業員・公務員は形容詞の名詞化（発展編 L12参照）。

どんどん解ける！ ドイツ語ドリル

検印省略

© 2020 年 1 月 30 日 初版発行
2021 年 11 月 30 日 第 2 刷発行

著 者 薦田奈美
山口久美子
岡部亜美
河崎靖

発行者 原雅久
発行所 株式会社 朝日出版社
101-0065 東京都千代田区西神田 3-3-5
電話直通 (03)3239-0271/72
振替口座 00140-2-46008
http://www.asahipress.com/

組 版 有限会社ファースト
印 刷 信毎書籍印刷株式会社

乱丁、落丁本はお取り替えいたします。

ISBN978-4-255-25430-2 C1084